LE COUP DE GRÂCE

Si j'étais vous, je détacherais ma ceinture tout de suite...

_ **ÉDITION**
ISABEL TARDIF

_ **DIRECTION ARTISTIQUE**
SAMUEL JOUBERT ET TOM & TOM

_ **DESIGN GRAPHIQUE**
TOM & TOM

_ **RÉDACTION**
SAMUEL JOUBERT

_ **RÉVISION**
SYLVIE MASSARIOL

_ **CORRECTION**
LUCIE DESAULNIERS ET GINETTE CHOINIÈRE

_ **PHOTOS ET STYLISME CULINAIRE**
SAMUEL JOUBERT

_ **PHOTOS DOCUMENTAIRE**
FRED TOUGAS

_ **ASSISTANTS PHOTO**
CHARLES SPINA ET GENEVIÈVE LABBÉ

DONNÉES DE CATALOGAGE DISPONIBLES AUPRÈS
DE BIBLIOTHÈQUE ET ARCHIVES NATIONALES DU QUÉBEC

DISTRIBUTEURS EXCLUSIFS :

Pour le Canada et les États-Unis :
MESSAGERIES ADP inc.*
Téléphone : 450-640-1237
Internet : www.messageries-adp.com

* filiale du Groupe Sogides inc.,
  filiale de Québecor Média inc.

Pour la France et les autres pays :
INTERFORUM editis
Téléphone : 33 (0) 1 49 59 11 56/91

Service commandes France Métropolitaine
Téléphone : 33 (0) 2 38 32 71 00
Internet : www.interforum.fr

Service commandes Export – DOM-TOM
Internet : www.interforum.fr
Courriel : cdes-export@interforum.fr

Pour la Suisse :
INTERFORUM editis SUISSE
Téléphone : 41 (0) 26 460 80 60
Internet : www.interforumsuisse.ch
Courriel : office@interforumsuisse.ch

Distributeur : OLF S.A.
Commandes :
Téléphone : 41 (0) 26 467 53 33
Internet : www.olf.ch
Courriel : information@olf.ch

Pour la Belgique et le Luxembourg :
INTERFORUM BENELUX S.A.
Téléphone : 32 (0) 10 42 03 20
Internet : www.interforum.be
Courriel : info@interforum.be

10-16
Imprimé au Canada

© 2016, Les Éditions de l'Homme,
division du Groupe Sogides inc.,
filiale de Québecor Média inc.
(Montréal, Québec)

Tous droits réservés

Dépôt légal : 2016
Bibliothèque et Archives nationales du Québec

ISBN 978-2-7619-4647-6

Gouvernement du Québec – Programme de crédit d'impôt pour
l'édition de livres – Gestion SODEC – www.sodec.gouv.qc.ca

L'Éditeur bénéficie du soutien de la Société de développement des
entreprises culturelles du Québec pour son programme d'édition.

Conseil des Arts   Canada Council
du Canada   for the Arts

Nous remercions le Conseil des Arts du Canada de l'aide accordée
à notre programme de publication.

Financé par le gouvernement du Canada
Funded by the Government of Canada | Canada

Nous reconnaissons l'aide financière du gouvernement du Canada par
l'entremise du Fonds du livre du Canada pour nos activités d'édition.

SAMUEL JOUBERT

LE COUP DE GRÂCE

Si j'étais vous, je détacherais ma ceinture tout de suite...

LECOUPDEGRACE.CA

LES ÉDITIONS DE
L'HOMME

Ce livre est dédié aux amours de ma vie,
William et Geneviève ♡

TABLE DES MATIÈRES

AVANT-PROPOS

Bienvenue dans mon premier livre de recettes! Je m'appelle Samuel Joubert et je suis photographe et styliste culinaire. Mais avant tout, je suis un fou passionné de la bonne bouffe. J'aime tout ce qui entoure un repas: la préparation, la cuisson, les odeurs, l'ambiance et, bien sûr, la dégustation!

Justement, *Le Coup de Grâce* est né de cette passion pour la nourriture et de mon amour pour les réunions entre amis, les tables bien remplies et, surtout, les bonnes bouteilles de vin! Je ne suis pas un chef professionnel, loin de là. Je n'ai aucune formation en cuisine ni en photographie; je suis 100% autodidacte. Dès que je finis un repas, je pense à ma prochaine création et je prends des notes pour ne rien oublier. Ma blonde me trouve un peu intense d'ailleurs. En gros, j'aime les bonnes choses, qu'elles soient simples ou compliquées, grasses ou légères, tant que ça fait danser mes papilles!

Dans ce livre, vous trouverez une tonne de recettes inspirantes, entre autres de la pizza, des pâtes fraîches, du risotto, de la viande de luxe trop goûteuse et quelques plats végé remplis de saveur. Vous aurez l'embarras du choix pour impressionner vos invités (ou simplement vous gâter), tant au brunch qu'au dîner ou au souper! Tout est présent pour vous donner du plaisir à cuisiner, même des accords de vins et d'alcools suggérés par un sommelier de feu! Bon à savoir: ce sont les photos qui ont guidé l'ordre des recettes, alors l'index de la fin sera votre meilleur ami si vous cherchez quoi faire avec votre poulet ou votre bœuf haché!

Puisque mes goûts culinaires se sont beaucoup développés durant mes voyages, mes recettes en sont fortement inspirées. Dans ces pages, non seulement je vais vous faire prendre du poids, mais j'essaierai aussi de vous faire voyager en partageant quelques photos des destinations qui m'ont le plus inspiré.

Merci tellement d'avoir fait l'achat de mon livre! J'espère de tout mon cœur que vous aimerez ce que je fais et que je vous inspirerai à cuisiner et à découvrir de nouvelles recettes. Surtout, n'hésitez pas à visiter mon site lecoupdegrace.ca et à m'envoyer vos commentaires sur ce bouquin!

Bon appétit! Et si j'étais vous, je détacherais ma ceinture tout de suite...

MES OUTILS INDISPENSABLES

Voici quelques outils que j'utilise sur une base régulière. Dans votre cuisine, ils faciliteront la préparation de mes recettes!

UN SOLIDE COUTEAU DE CHEF

Je ne jure que par mon couteau japonais Kikuichi avec lame martelée. Il est robuste, léger et assez long pour couper une grande courge. Une dépense quand même considérable, mais si vous aimez cuisiner, c'est un bon investissement!

UNE MANDOLINE

Très utile pour couper de fines tranches de patate et d'autres légumes, surtout pour obtenir une épaisseur constante. Par contre, soyez prudent: sa lame ultra-tranchante ne pardonne pas! Portez des gants pour protéger vos mains!

UN ZESTEUR DE BONNE QUALITÉ

Personnellement, j'utilise celui de la marque Microplane. Il est léger, étroit et zestera la vie de vos agrumes dans le temps de le dire! Encore une fois, faites attention à vos doigts!

UNE BONNE PLANCHE À DÉCOUPER STABLE

Le mot à retenir ici est stable. Rien de plus fatigant et dangereux qu'une petite planche à découper douteuse qui bouge. Un truc: si votre planche glisse, mouillez un linge à vaisselle et placez-le en dessous.

UN GRAND PLAT HERMÉTIQUE (DE TYPE TUPPERWARE)

Pour faire mariner la viande, ce type de plat est indispensable. Choisissez-le assez grand pour accueillir 4 ou 5 gros steaks, mais pas trop grand non plus, question qu'il entre dans votre frigo!

UN IMMENSE CUL-DE-POULE

À mon avis, un bol en aluminium n'est jamais trop grand. Que ce soit pour préparer de la pâte à pizza ou pour loger une salade géante, il sera toujours là pour vous aider.

UNE GRANDE PLAQUE DE CUISSON

C'est un outil de base pour lequel il vaut la peine d'investir un peu. Choisissez-la épaisse et antiadhésive, elle sera plus facile à nettoyer.

UNE POÊLE EN FONTE STRIÉE

Ayant eu plusieurs contrats pour lesquels j'ai dû cuisiner des pièces de viande dans la dernière année, je réalise à quel point j'utilise souvent ma poêle en fonte. Elle est indestructible et me permet de saisir la viande comme si je la cuisais sur mon barbecue.

UNE GRANDE CASSEROLE EN FONTE ÉMAILLÉE

Pour ma sauce à spaghetti, mon pain maison ou mes braisés de luxe, une cocotte de type Le Creuset est toujours pratique en cuisine (j'en ai 3!).

LES PETITS LUXES DONT JE NE ME PASSE PLUS...

UN MOULE À RAVIOLI

Si vous aimez faire vos pâtes alimentaires et que vous adorez les raviolis (comme moi), cet outil vous simplifiera la vie. Avec ce moule, vous ferez des raviolis parfaits en un tournemain!

UN BATTEUR SUR SOCLE (KITCHENAID)

Cet appareil de luxe n'est pas indispensable dans une cuisine. Par contre, si vous êtes sérieux et que vous voulez investir, il vous ouvrira un monde de possibilités grâce à ses nombreux accessoires!

MES INGRÉDIENTS INDISPENSABLES

J'adore cuisiner avec de nouveaux ingrédients! Par contre, il y en a quelques-uns qui reviennent régulièrement dans mes plats, car ils sont classiques et vraiment polyvalents.

DE LA BIÈRE BLONDE, ROUSSE OU NOIRE

Comme vous le remarquerez, j'aime cuisiner avec la bière! Ce liquide des dieux apporte différentes saveurs aux plats, de la même manière que le vin ou le bouillon de poulet. Que ce soit pour une marinade, un braisé ou pour arroser la viande durant la cuisson sur le barbecue, la bière ajoute un kick très intéressant au plat. Elle ne doit pas prendre toute la place, mais doit plutôt rehausser et complémenter les épices et le goût du plat.

DE L'HUILE D'OLIVE

Il y a toujours deux sortes d'huile d'olive dans ma cuisine. Une huile ordinaire (moins chère), pour mes cuissons et mes sautés sous les 180 °C (350 °F), et une huile extra-vierge de luxe, pour mes salades et mes pâtes fraîches.

DU VIN BLANC DE BONNE QUALITÉ

J'ai toujours une bouteille de vin blanc ouverte au frigo, au cas où. J'aime ajouter un bouchon de vin quand je fais sauter des légumes ou dans une sauce aux tomates. Pour l'amour de Dieu, utilisez un vin que vous aimez boire, car le but est d'ajouter de bonnes saveurs au plat et non le contraire!

DES FINES HERBES FRAÎCHES

Dans certains plats, rien ne bat le goût des herbes fraîchement hachées! Le romarin avec vos patates et le thym avec vos champignons auront toujours leur place. L'été, je fais pousser toutes sortes d'herbes fraîches dans mon jardin pour les avoir sous la main en tout temps!

UNE BONNE MOUTARDE DE DIJON

J'adore ajouter cette moutarde dans la marinade des viandes ou simplement l'utiliser pour accompagner des saucisses. J'en ai toujours deux ou trois pots en réserve dans mon garde-manger.

DE LA SAUCE SOYA

Très utile dans les marinades, elle ajoute du goût aux légumes sautés ou «pimpe» un riz blanc. Je vous le dis: J'ADORE LA SAUCE SOYA!

DU SIROP D'ÉRABLE

J'en mets presque toujours dans mes vinaigrettes et j'en ajoute dans certaines de mes marinades pour la viande. Vous faites sauter des crevettes? Ajoutez-en plein!

DU FROMAGE PECORINO ROMANO

Similaire au parmesan, ce fromage est fait à partir de lait de brebis. Il ajoutera un côté salé et différent aux recettes!

DU SEL ET DU POIVRE DU MOULIN

Oubliez le sel et le poivre déjà moulus et de mauvaise qualité. Je n'utilise que du gros sel et du gros poivre fraîchement moulu. Ça fait toute la différence!

UN BON VINAIGRE BALSAMIQUE

Que ce soit pour parfumer un sauté ou simplement pour rehausser une salade, un bon vinaigre balsamique est essentiel!

DES HERBES SALÉES DU BAS-DU-FLEUVE

Ces herbes font partie de plusieurs de mes marinades gagnantes. Elles sont goûteuses, ultra-salées et se conservent très longtemps au frigo. Vous pourrez les trouver dans la plupart des grandes épiceries.

DE LA FLEUR DE SEL

Pour garnir les salades et les viandes grillées, la fleur de sel ajoute un côté croquant très intéressant!

UN BON PINOT NOIR BIEN RELEVÉ

Simplement parce que j'aime vraiment en boire quand je cuisine! Un de mes préférés, relativement abordable: le Meiomi, de la maison Copper Cane, en Californie.

Casserole espagnole de fou

BRUNCHS

POUR VOUS METTRE L'EAU À LA BOUCHE

- 18 -

FRITTATA VRAIMENT TROP BONNE

- 23 -

CONFITURE DE PÊCHES INCROYABLE

- 26 -

CRÊPES AUX POMME, POIRE ET LIME

ET ENCORE PLUS !

CASSEROLE ESPAGNOLE DE FOU

 PRÉPARATION : 15 min
CUISSON : 25 min

 DIFFICULTÉ :
moyen

 PORTIONS : 2

Une recette que j'ai eu la chance de découvrir à Barcelone durant un voyage culinaire.
Elle y était servie au souper, en tapas, avec un œuf brouillé bien crémeux. Je me suis dit :
« Pourquoi pas en manger au déjeuner aussi ? »

INGRÉDIENTS

— 8 TRANCHES DE PROSCIUTTO
(MINCES, MAIS PAS TROP !)

— 4 PATATES BLANCHES AVEC LA PELURE,
COUPÉES EN PETITS CUBES

— 4 À 5 C. À SOUPE D'HUILE D'OLIVE

— 2 C. À CAFÉ DE PAPRIKA

— ½ C. À CAFÉ D'HERBES DE PROVENCE

— 1 POIGNÉE D'ORIGAN FRAIS

— 4 ŒUFS EXTRA-GROS POCHÉS

— QUELQUES COPEAUX DE FROMAGE PARMESAN

— SEL ET POIVRE DU MOULIN

PRÉPARATION

1- Préchauffer le four à 190 °C (375 °F).

2- Couvrir une grande plaque de cuisson de papier parchemin. Déposer les tranches de prosciutto les unes
à côté des autres sur la plaque. Cuire au four environ
10 minutes ou jusqu'à ce que le prosciutto soit légèrement croustillant. Retirer du four et réserver. (Partez le
ventilateur !)

3- Pendant ce temps, dans une grande casserole remplie
d'eau bouillante, faire cuire les patates environ 4 minutes.
Bien égoutter.

4- Dans une grande poêle chauffée à feu moyen-élevé,
verser un bon filet d'huile d'olive. Ajouter les patates, le
paprika et les herbes de Provence. Saler, poivrer et mélanger. Cuire environ 10 minutes, en remuant de temps en
temps, jusqu'à ce que les patates soient croustillantes à
l'extérieur et tendres à l'intérieur. Ajouter un peu d'huile
d'olive, si nécessaire. Ajouter l'origan frais et bien mélanger. Poursuivre la cuisson 1 minute et retirer du feu.

5- Dans une petite casserole de présentation (ou dans le
bol de votre choix), déposer 2 ou 3 chips de prosciutto,
puis couvrir de patates chaudes. Déposer 2 œufs cuits
au centre. Garnir de mini-morceaux de prosciutto et de
copeaux de parmesan. Manger immédiatement !

± 10 $ | **TOCADO**

Avec ce plat d'inspiration espagnole, on boit espagnol ! Ce rouge
frais et digeste possède des parfums de fruits mûrs et d'épices. Il est
tellement abordable que ça pourrait valoir le coup d'en prévoir une
deuxième bouteille…

± 15 $ | **EL COTO CRIANZA**

On monte l'intensité d'un cran avec ce vin aux accents boisés, qui
rappellent le sous-bois, la vanille et les épices douces.

**Vous pouvez aussi utiliser des œufs cuits de votre manière préférée. Pour des patates bien
crunchy, retenez-vous de les mélanger trop souvent. Laissez-leur le temps de bien cuire !**

FRITTATA VRAIMENT TROP BONNE

 PRÉPARATION : 25 min
CUISSON : 35 min

 DIFFICULTÉ :
facile

 PORTIONS : 4

INGRÉDIENTS

— 8 GROS ŒUFS

— 60 ML (¼ TASSE) DE CRÈME CHAMPÊTRE 15 %

— 60 ML (¼ TASSE) DE LAIT 1 %

— 125 G (1 TASSE) DE GRUYÈRE RÂPÉ

— ¼ C. À CAFÉ D'HERBES DE PROVENCE

— 125 ML (½ TASSE) DE PERSIL FRAIS HACHÉ

— HUILE D'OLIVE

— 1 GROSSE ÉCHALOTE FRANÇAISE HACHÉE FINEMENT

— 4 CŒURS D'ARTICHAUT BIEN ÉGOUTTÉS
ET COUPÉS EN QUATRE

— 25 ASPERGES FINES PARÉES ET COUPÉES EN TRONÇONS
DE 5 CM (2 PO)

— 170 G (6 OZ) DE SAUMON FUMÉ HACHÉ GROSSIÈREMENT

— 100 G (ENVIRON ¾ TASSE) DE FROMAGE DE CHÈVRE AUX
FINES HERBES, ÉMIETTÉ

— SEL ET POIVRE DU MOULIN

PRÉPARATION

1- Préchauffer le four à 180 °C (350 °F).

2- Dans un grand bol, mettre les œufs, la crème, le lait, le Gruyère, les herbes de Provence et le persil. Saler et poivrer. Bien mélanger et réserver.

3- Dans une poêle en fonte de 25 cm (10 po) (ou tout autre poêle qui va au four) chauffée à feu moyen, verser un filet d'huile d'olive. Ajouter l'échalote et faire revenir pendant 1 minute. Ajouter les cœurs d'artichaut et les asperges et poursuivre la cuisson de 2 à 3 minutes. Remuer régulièrement.

4- Fermer le feu, verser le mélange d'œufs sur les légumes et bien le répartir en inclinant la poêle. Ajouter le saumon et lancer le fromage de chèvre un peu partout (essayez d'éviter les murs !).

5- Mettre la poêle au four et cuire de 25 à 30 minutes ou jusqu'à ce que les œufs soient bien pris.

± 10 $ | **S. DE LA SABLETTE SAUVIGNON BLANC**
Sauvignon, chèvre et asperges : un mariage génial ! Ce blanc délicat offre des parfums d'agrumes, d'herbe fraîchement coupée et de craie…

± 15 $ | **MATUA SAUVIGNON BLANC**
Les sauvignons de Nouvelle-Zélande sont expressifs et exotiques à souhait ! Ça sent bon le pamplemousse et les fruits de la passion !

Si vous n'avez pas de poêle qui va au four, faites d'abord revenir les légumes dans une poêle, puis déposez-les, ainsi que le reste des ingrédients, dans votre moule à tarte préféré avant d'enfourner !

MIJOTEUSE

FÈVES AU LARD À LA BIÈRE TROIS PISTOLES

 PRÉPARATION : 15 min
TREMPAGE : 12 h
CUISSON : 10 h 30 min

 DIFFICULTÉ :
moyen

 PORTIONS : 8 à 10

INGRÉDIENTS

— 1 LITRE (4 TASSES) DE PETITS HARICOTS BLANCS SECS
(DE TYPE NAVY)

— 375 ML (1 ½ TASSE) DE SIROP D'ÉRABLE

— 250 ML (1 TASSE) DE BIÈRE TROIS PISTOLES D'UNIBROUE,
TIÈDE (OU AUTRE BIÈRE BRUNE)

— 250 G (½ LB) DE LARD SALÉ (FLANC)
COUPÉ EN GROS MORCEAUX

— 1 OIGNON ESPAGNOL PELÉ ET COUPÉ EN DEUX

— 2 C. À CAFÉ DE MOUTARDE SÈCHE

— 2 C. À SOUPE DE PÂTE DE TOMATES

— 190 ML (¾ TASSE) DE CASSONADE

— 190 ML (¾ TASSE) DE MÉLASSE

— EAU TIÈDE

— SEL ET POIVRE DU MOULIN

PRÉPARATION

1- Dans une grande casserole, déposer les haricots secs et ajouter 125 ml (½ tasse) du sirop d'érable et 125 ml (½ tasse) de la bière. Ajouter assez d'eau pour qu'il y ait 5 cm (2 po) de liquide au-dessus des haricots. Bien mélanger. Couvrir et laisser tremper 12 heures. Mélanger de temps en temps durant le trempage et ajouter de l'eau au besoin pour que les haricots soient toujours recouverts.

2- Mettre la casserole sur le feu et porter à ébullition. Réduire le feu et laisser mijoter 30 minutes. Mélanger délicatement de temps à autre. Retirer du feu et égoutter les haricots.

3- Dans une grande mijoteuse, déposer la moitié du lard au fond et ½ oignon au centre. Verser les haricots par-dessus.

4- Dans un bol, combiner la moutarde sèche, la pâte de tomates, la cassonade et la mélasse. Verser le reste du sirop d'érable et de la bière, puis bien mélanger pour obtenir une consistance homogène.

5- Verser le mélange partout sur les haricots et, surtout, ne pas mélanger ! Répartir ensuite le reste du lard sur le dessus et enfoncer le ½ oignon restant au centre, sous les haricots. Ajouter juste assez d'eau pour que le liquide recouvre les haricots. Saler et poivrer au goût.

6- Mettre le couvercle et cuire à la mijoteuse, à basse température, pendant 10 heures. Brasser une fois seulement vers la fin de la cuisson. Régalez-vous !

± 15 $ | **VELENOSI IL BRECCIAROLO**
Un vin aux accents vanillés et boisés qui permet de rejoindre les notes de caramel, de torréfaction et d'érable de cette recette.

± 30 $ | **19 CRIMES**
Souple, fruité et légèrement vanillé, le genre de vin qu'on veut servir avec ces «bines» bien décadentes…

CONFITURE DE PÊCHES INCROYABLE

 PRÉPARATION : 45 min
RÉFRIGÉRATION : 2 h
CUISSON : 15 min

 DIFFICULTÉ :
facile

 DONNE : 750 ml (3 tasses)

INGRÉDIENTS

— 6 GROSSES PÊCHES PELÉES ET COUPÉES EN CUBES

— 250 ML (1 TASSE) DE SUCRE

— 2 C. À SOUPE DE JUS DE CITRON

— 2 C. À SOUPE DE RHUM BRUN

— ½ C. À CAFÉ DE ZESTE D'ORANGE

PRÉPARATION

1- Dans une casserole antiadhésive, mettre tous les ingrédients et bien mélanger. Cuire à feu moyen, en mélangeant régulièrement, pendant 15 à 20 minutes ou jusqu'à ce que la texture soit sirupeuse et colle au dos d'une cuillère en bois. Vers la mi-cuisson, donner quelques coups de bras mélangeur pour réduire la préparation (assurez-vous de garder quelques gros morceaux !). Retirer du feu et laisser refroidir 30 minutes.

2- Répartir la confiture dans des petits pots Mason. Placer au frigo 2 heures ou, encore mieux, toute la nuit pour solidifier le tout !

Cette confiture ne contient pas de pectine, donc elle ne devient pas aussi consistante que celles du commerce. À servir sur du pain avec plein de noix ou dans un yogourt grec. Elle se gardera environ 2 semaines au frigo dans un contenant hermétique.

BACON CARAMÉLISÉ

PRÉPARATION : 20 min
RÉFRIGÉRATION : 12 h
CUISSON : 20 min

DIFFICULTÉ :
facile

PORTIONS : 4

INGRÉDIENTS

— 250 ML (1 TASSE) DE CASSONADE

— 375 G (ENVIRON ¾ LB) DE BACON À L'ÉRABLE TRANCHÉ ÉPAIS

PRÉPARATION

1- Dans un grand plat allant au four (de style Pyrex), répartir une poignée de cassonade, puis déposer une partie du bacon en une seule couche. Répartir une autre poignée de cassonade, puis déposer une autre couche de bacon. Répéter jusqu'à ce qu'il n'y ait plus de bacon (assurez-vous que le bacon soit couvert partout de cassonade!). Couvrir le plat et placer au frigo pour 12 heures.

2- Préchauffer le four à 200 °C (400 °F).

3- Étendre un papier parchemin sur deux grandes plaques de cuisson, puis y déposer les tranches de bacon en une seule couche. Cuire au four environ 10 minutes de chaque côté ou jusqu'à ce que le bacon soit légèrement croustillant.

4- Sortir du four et laisser reposer de 8 à 10 minutes avant de manger. Le bacon deviendra dur et complètement fou!

Je suggère de faire macérer le bacon toute la nuit pour un goût sucré plus prononcé. Si vous êtes à la dernière minute, le bacon sera quand même excellent, mais le mélange sucré-salé sera moins intense!

CRÊPES AUX POMME, POIRE ET LIME

PRÉPARATION	CUISSON	DIFFICULTÉ	PORTIONS
35 min	25 min	moyen	4

Cette recette peut facilement être divisée en deux. J'aime bien verser le mélange à crêpes dans une grande tasse à bec, question de me faciliter la vie pour couler le tout dans la poêle. Surtout, ne le versez pas dans un soulier, j'ai déjà essayé et ça va très mal.

INGRÉDIENTS

MÉLANGE À CRÊPES

— 500 ML (2 TASSES) DE FARINE TOUT USAGE

— 4 ŒUFS

— 1 C. À SOUPE DE SIROP D'ÉRABLE
  + UN PEU POUR LE SERVICE

— 500 ML (2 TASSES) DE LAIT

— 1 POMME ROYAL GALA PELÉE, LE CŒUR ENLEVÉ, RÂPÉE

— 1 POIRE BARTLETT PELÉE, LE CŒUR ENLEVÉ, RÂPÉE

— LE ZESTE DE 1 LIME

— HUILE DE CANOLA

GARNITURE TROP COCHONNE

— 3 C. À SOUPE DE BEURRE

— 1 POMME ROYAL GALA PELÉE, LE CŒUR ENLEVÉ, COUPÉE EN DEUX PUIS EN TRANCHES

— 1 POIRE BARTLETT PELÉE, LE CŒUR ENLEVÉ, COUPÉE EN DEUX PUIS EN TRANCHES

— 125 ML (½ TASSE) DE RAISINS SECS DORÉS

— 125 ML (½ TASSE) DE SIROP D'ÉRABLE + UN PEU POUR LE SERVICE

— ZESTE DE LIME (AU GOÛT)

PRÉPARATION

CRÊPES

1- Préchauffer le four à 95 °C (200 °F).

2- Dans un grand bol, mettre la farine et former un puits au centre. Ajouter les œufs, le sirop d'érable et le lait, puis fouetter énergiquement jusqu'à ce qu'il n'y ait plus de grumeaux ! Ajouter la pomme et la poire râpées, le zeste de lime et mélanger délicatement.

3- Chauffer une poêle à feu moyen et ajouter environ ½ c. à café d'huile au centre. À l'aide d'un papier absorbant, répartir l'huile de manière à laisser une mince couche seulement (gardez le papier absorbant pour huiler la poêle entre chaque crêpe).

4- Verser une petite quantité du mélange au centre de la poêle et incliner celle-ci pour former une crêpe épaisse mesurant environ 15 cm (6 po) de diamètre (assurez-vous que les pommes et les poires sont bien réparties dans le mélange, sinon brassez encore !). Cuire 2 minutes ou jusqu'à ce qu'elle ait une belle coloration. Retourner la crêpe et cuire 2 minutes de plus. Réserver au four dans une assiette d'aluminium, puis recommencer jusqu'à ce qu'il n'y ait plus de mélange.

GARNITURE

1- Pendant la cuisson des crêpes, préparer la garniture. Dans une grande poêle chauffée à feu moyen, faire fondre le beurre, puis ajouter la pomme, la poire et les raisins secs. Verser le sirop d'érable et mélanger délicatement. Cuire de 8 à 10 minutes, en mélangeant régulièrement, jusqu'à ce que les fruits soient bien tendres. Fermer le feu et garder au chaud.

2- Répartir les crêpes dans les assiettes et verser le mélange de fruits sur le dessus. Garnir de zeste de lime et servir avec du sirop d'érable en extra, bien sûr.

± 10 $ | **MICHELE CHIARLO NIVOLE**
Ça sent la rose, le miel et le litchi à plein nez… Faible en alcool, effervescent et légèrement sucré, le vin parfait pour un tête-à-tête le dimanche matin !

± 20 $ | **ENTRE PIERRE ET TERRE**
Avez-vous déjà goûté à un poiré ? Plusieurs artisans du Québec produisent aujourd'hui ce genre de cidre de poires, pour notre plus grand plaisir…

CHAUSSONS AUX POMMES CARAMÉLISÉES À LA BIÈRE ET AU CHEDDAR FORT

 PRÉPARATION : 55 min
CUISSON : 30 min

 **NIVEAU DE DIFFICULTÉ :**
moyen

 DONNE : 18 chaussons

INGRÉDIENTS

— 3 C. À SOUPE DE BEURRE

— 1 LITRE (4 TASSES) DE POMMES CORTLAND PELÉES ET COUPÉES EN PETITS CUBES

— 3 C. À SOUPE DE SIROP D'ÉRABLE

— 3 C. À SOUPE DE BIÈRE ÉPHÉMÈRE POMME D'UNIBROUE (OU AUTRE BIÈRE BLANCHE)

— 2 PINCÉES DE CANNELLE MOULUE

— FARINE TOUT USAGE (POUR LA SURFACE DE TRAVAIL)

— 500 G (17 OZ) DE PÂTE FEUILLETÉE AU BEURRE, DÉCONGELÉE

— 250 G (2 TASSES) DE CHEDDAR FORT RÂPÉ (DE TYPE PERRON LE DOYEN 4 ANS) (ENVIRON)

— 1 ŒUF BATTU

PRÉPARATION

1- Dans une grande poêle chauffée à feu moyen-élevé, faire fondre le beurre. Ajouter les pommes, le sirop d'érable, la bière et la cannelle, puis bien mélanger. Cuire environ 10 minutes, en remuant souvent, jusqu'à ce que les pommes soient bien molles et que le liquide ait réduit à sec pour obtenir une consistance épaisse et caramélisée. Retirer du feu et laisser refroidir 20 minutes.

2- Préchauffer le four à 210 °C (400 °F). Couvrir une plaque de cuisson de papier parchemin.

3- Déposer la pâte feuilletée sur la surface farinée et l'abaisser de manière à obtenir deux carrés de 30 x 30 cm (12 x 12 po). Couper en 9 carrés de 10 x 10 cm (4 x 4 po) chacun.

4- Déposer 1 c. à soupe du mélange de pommes au centre d'un carré de pâte, et garnir avec environ 1 c. à soupe de fromage. Replier la pâte sur la garniture en rejoignant les 2 coins opposés et bien sceller avec une fourchette. Répéter avec le reste du mélange et de la pâte.

5- Déposer les chaussons sur la plaque de cuisson préparée et les badigeonner légèrement avec l'œuf battu. Mettre au four et cuire de 15 à 20 minutes ou jusqu'à ce que les chaussons soient bien dorés. Laisser reposer 5 minutes avant de les dévorer !

± 15 $ **CIDRERIE DU MINOT CRÉMANT DE POMME**
Faible en alcool, rafraîchissant, élégant et tout simplement délicieux !
Prévoyez plusieurs bouteilles de ce crémant pour le brunch !

± 20 $ **DOMAINE LAFRANCE**
En mode sucré, ce cidre de glace est assurément un des meilleurs de la province, avec ses notes florales et exotiques séduisantes.

PATATES À DÉJEUNER AU FROMAGE

 PRÉPARATION : 30 min
CUISSON : 45 min

 DIFFICULTÉ : facile

 **DONNE :** 15 patates

INGRÉDIENTS

— 3 PATATES RUSSET MOYENNES, PELÉES ET RÂPÉES

— 1 PETIT OIGNON ESPAGNOL RÂPÉ

— 15 BRINS DE CIBOULETTE FRAÎCHE HACHÉS FINEMENT

— ½ C. À CAFÉ D'ORIGAN SÉCHÉ

— 125 G (1 TASSE) DE FROMAGE MOZZARELLA RÂPÉ

— 50 G (½ TASSE) DE FROMAGE PARMESAN RÂPÉ FINEMENT

— 125 ML (½ TASSE) DE CHAPELURE PANKO

— 4 C. À SOUPE D'HUILE D'OLIVE

— SEL ET POIVRE DU MOULIN

PRÉPARATION

1- Préchauffer le four à 180 °C (350 °F).

2- Déposer les patates et l'oignon râpés entre plusieurs linges à vaisselle propres et essorer fermement pour faire sortir l'eau. Répéter plusieurs fois pour enlever tout le jus ! Plus le liquide sera extrait, plus les patates seront croustillantes.

3- Déposer les patates et l'oignon dans un grand bol avec le reste des ingrédients. Saler et poivrer, puis bien mélanger. Placer des moules en papier parchemin dans les compartiments d'un moule à muffins, puis les remplir de mélange. Appuyer légèrement pour compacter.

4- Placer au four et cuire de 40 à 45 minutes ou jusqu'à ce que les patates soient bien croustillantes et dorées sur le dessus !

± 10 $ | **HACIENDA ARAUCANO SYRAH RESERVA**
Un syrah chilien civilisé qui sent bon la framboise, la violette et le poivre. Superbe pour le prix !

± 20 $ | **ZENATO VALPOLICELLA CLASSICO SUPERIORE**
La maison Zenato livre ici une interprétation sans faille du valpolicella, tendre et souple, sur la cerise et la pivoine.

INCONTOURNABLE

CRETONS À LA BIÈRE

 PRÉPARATION : 15 min
RÉFRIGÉRATION : 3 h
CUISSON : 1 h 30 min

 DIFFICULTÉ :
facile

DONNE : 1,5 litre (6 tasses)

INGRÉDIENTS

— 1 KG (2 LB) DE PORC HACHÉ MI-MAIGRE

— 3 TRANCHES DE PAIN BRUN FRAIS RÉDUITES EN CHAPELURE

— 250 ML (1 TASSE) D'OIGNON VIDALIA HACHÉ TRÈS FINEMENT

— 1 GROSSE GOUSSE D'AIL HACHÉE TRÈS FINEMENT

— 1 C. À CAFÉ DE SEL

— 1 C. À CAFÉ DE CANNELLE MOULUE (AU GOÛT)

— ½ C. À CAFÉ DE CLOU DE GIROFLE MOULU (AU GOÛT)

— 440 ML (1 ¾ TASSE) DE LAIT 2 %

— 60 ML (¼ TASSE) DE BIÈRE RAFTMAN D'UNIBROUE (OU AUTRE BIÈRE BRUNE)

— POIVRE DU MOULIN, AU GOÛT

PRÉPARATION

1- Dans une casserole, mettre tous les ingrédients et bien mélanger. Chauffer à feu doux et cuire à couvert 1 h 30 min en mélangeant de temps en temps. En fin de cuisson, goûter puis rectifier l'assaisonnement, si nécessaire.

2- Laisser refroidir complètement avant de réfrigérer pendant au moins 3 heures, ou, encore mieux, toute la nuit.

± 10 $ | **SOMONTES COLHEITA**

Je vois déjà le doute dans vos yeux… Du vin sous la barre des 12 $, ça peut être bon ? Préparez-vous à un choc : c'est délicieux, épicé, complexe. À ce prix, le brunch au chalet avec les cretons maison n'aura jamais été aussi sympa !

± 20 $ | **DOMAINE THYMIOPOULOS JEUNES VIGNES DE XINOMAVRO NAOUSSA 2014**

Un vin grec magnifique, délicat et profond, aux parfums de griotte et de terre fraîche. Un véritable coup de cœur !

**Ces cretons se gardent facilement au frigo de 3 à 4 jours dans un contenant hermétique.
Vous pouvez aussi les congeler en petites portions pour vous gâter le mois suivant !**

CROQUE-MONSIEUR MATINAL

 PRÉPARATION : 10 min
CUISSON : 25 min

 PORTIONS : 2

 DIFFICULTÉ :
facile

INGRÉDIENTS

— 2 TRANCHES DE PAIN AUX NOIX D'ENVIRON 1,5 CM (½ PO) D'ÉPAISSEUR

— MOUTARDE À L'ANCIENNE (OU MOUTARDE DE DIJON)

— 4 TRANCHES DE JAMBON FORÊT-NOIRE

— BÉBÉS ÉPINARDS

— 4 TRANCHES DE FROMAGE SUISSE

— 2 ŒUFS CUITS À VOTRE GOÛT (MIROIR, BROUILLÉS OU POCHÉS)

— CIBOULETTE FRAÎCHE HACHÉE (FACULTATIF)

PRÉPARATION

1- Préchauffer le four à broil.

2- Déposer les tranches de pain sur une plaque de cuisson. Les faire griller au four légèrement d'un côté. Retirer du four, mais laisser le four fonctionner.

3- Étendre de la moutarde (au goût) sur le côté grillé du pain, puis couvrir de 2 tranches de jambon. Déposer une poignée de bébés épinards et 2 tranches de fromage suisse sur le dessus.

4- Remettre au four quelques minutes seulement, jusqu'à ce que le fromage soit fondu. Sortir du four, déposer 1 œuf sur le fromage et garnir de ciboulette fraîche, si désiré !

± 15$ | **TORRES VINA SOL**

On commence la journée en blanc, sur la terrasse, avec ce vin de la très constante maison Torres. Ça sent bon les fleurs blanches, la pomme verte et le citron.

± 20$ | **TOMMASI MERLOT LE PRUNÉE 2014**

Plutôt amateur de rouge ? Optez pour ce merlot du nord de l'Italie, rond et gourmand. Servez-le frais !

MINI-FEUILLETÉS DE POMMES CARAMÉLISÉES, CANARD CONFIT ET CHEDDAR FORT

PRÉPARATION	CUISSON	DIFFICULTÉ	DONNE
40 min	50 min	moyen	12 feuilletés

INGRÉDIENTS

— 4 C. À SOUPE DE BEURRE

— 5 POMMES CORTLAND PELÉES ET COUPÉES EN GROS CUBES

— 60 ML (¼ TASSE) DE SIROP D'ÉRABLE

— 1 C. À SOUPE DE SIROP DE POMME

— 2 C. À SOUPE DE PINEAU DES CHARENTES (OU DE JUS DE POMMES BRUT)

— 2 CUISSES DE CANARD CONFITES, CUITES ET EFFILOCHÉES

— 500 G (17 OZ) DE PÂTE FEUILLETÉE AU BEURRE, DÉCONGELÉE ET DIVISÉE EN 12 CARRÉS

— 250 G (2 TASSES) DE CHEDDAR FORT RÂPÉ

PRÉPARATION

1- Préchauffer le four à 200 °C (400 °F).

2- Dans une grande poêle chauffée à feu moyen, faire fondre le beurre. Ajouter les pommes et bien remuer pour les enrober. Ajouter le sirop d'érable et le sirop de pomme et cuire 10 minutes en remuant souvent. Ajouter le Pineau des Charentes, bien mélanger et poursuivre la cuisson environ 5 minutes ou jusqu'à ce que les pommes soient tendres. Retirer du feu et ajouter le canard effiloché. Mélanger délicatement.

3- Déposer les morceaux de pâte feuilletée dans les 12 compartiments d'un moule à muffins et bien appuyer pour leur faire prendre la forme du moule. Répartir le mélange de pomme et de canard dans les moules, puis les enterrer de fromage.

4- Déposer le moule à muffins sur une grande feuille de papier d'aluminium (repliez bien les côtés pour retenir le liquide qui risque de couler des feuilletés) et cuire au four de 20 à 25 minutes ou jusqu'à ce que la pâte soit bien dorée. Retirer du four et laisser refroidir 5 minutes avant de démouler.

± 15 $ | **DOMAINE LAFRANCE**
Dosé avec un peu de cidre de glace, ce cidre mousseux est parfait pour accompagner un plat sucré-salé complètement éclaté, comme ce feuilleté au canard et au cheddar...

± 20 $ | **CHÂTEAU MONTUS PACHERENC DU VIC-BILH 2011**
Exotique, original et séduisant, ce blanc du sud-ouest français est produit par le très acclamé Alain Brumont. Ça sent bon les fruits exotiques, les épices et la vanille...

La garniture se prépare facilement d'avance ! Au moment de servir, il ne vous restera qu'à remplir la pâte, à ajouter le fromage et à cuire le tout. OH QUE OUI ! P.S. : On trouve le sirop de pomme dans la plupart des épiceries à grande surface.

BURRITOS
«LENDEMAIN DE VEILLE»

PRÉPARATION	CUISSON	DIFFICULTÉ	PORTIONS
35 min	15 min	moyen	4

J'ai eu la chance de découvrir ce plat lors d'un contrat photo à Hawaii. Un matin, je me promenais sur le bord de la plage, en mode plutôt «lendemain de veille». Sur le bord de la rue se trouvait un petit dépanneur avec un burrito shop à l'intérieur. Je suis tellement tombé en amour avec leurs sandwichs que j'y suis retourné chaque matin pour le reste de la semaine. Je confirme : c'est vraiment le genre de déjeuner qui replace son homme !

INGRÉDIENTS

— 1 C. À SOUPE DE BEURRE

— 4 ŒUFS

— 4 GRANDES TORTILLAS

— 125 ML (½ TASSE) DE GUACAMOLE (VOIR RECETTE CI-DESSOUS)

— 60 ML (¼ TASSE) DE SALSA PIQUANTE DU COMMERCE

— 375 G (ENVIRON ¾ LB) DE SAUCISSES À DÉJEUNER CUITES ET HACHÉES GROSSIÈREMENT

— 125 G (1 TASSE) DE CHEDDAR FORT RÂPÉ

— SEL ET POIVRE DU MOULIN

PRÉPARATION

1- Dans une poêle chauffée à feu moyen, faire fondre le beurre. Ajouter les œufs et cuire en remuant constamment pour obtenir des œufs brouillés. Saler, poivrer et réserver.

2- Chauffer légèrement les tortillas. Étendre sur la partie supérieure de chacune environ 2 c. à soupe du guacamole et 1 c. à soupe de la salsa. Répartir les saucisses, les œufs et le fromage sur la garniture. Replier les tortillas en deux et bien les rouler pour obtenir des burritos serrés. Empiffrez-vous comme un ninja !

GUACAMOLE

DONNE : ENVIRON 750 ML (3 TASSES)

INGRÉDIENTS

— 4 AVOCATS PELÉS ET COUPÉS EN DÉS

— LE JUS DE 1 LIME

— 1 C. À SOUPE D'HUILE D'OLIVE

— 2 C. À SOUPE D'OIGNON ROUGE HACHÉ FINEMENT

— 3 C. À SOUPE DE CORIANDRE FRAÎCHE HACHÉE FINEMENT

— 1 C. À CAFÉ DE SRIRACHA (OU PLUS, AU GOÛT)

— 1 TOMATE ÉPÉPINÉE ET HACHÉE FINEMENT

— 1 GOUSSE D'AIL HACHÉE FINEMENT

— SEL ET POIVRE DU MOULIN

PRÉPARATION

1- Déposer la chair de l'avocat dans un bol et ajouter le jus de lime. À l'aide d'une fourchette, écraser l'avocat et remuer pour obtenir une texture onctueuse.

2- Ajouter le reste des ingrédients, saler et poivrer, puis bien mélanger.

± 10 $ **BARONE MONTALTO SYRAH**
Ce vin élaboré avec le cépage syrah est épicé, souple et facile d'approche. Parfait pour ce plat aux influences tex-mex !

± 20 $ **DOMAINE ST-JACQUES SÉLECTION ROUGE 2015**
Situé en Montérégie, le domaine St-Jacques continue de nous épater avec ses rouges élégants et équilibrés. Servez-le à l'aveugle à vos amis

Hawaii

février 2015

SALADE DE FRUITS MIMOSA

PRÉPARATION: 30 min
RÉFRIGÉRATION: 30 min
CUISSON: aucune

NIVEAU:
facile

PORTIONS: 6 à 8

INGRÉDIENTS

— 4 KIWIS PELÉS ET COUPÉS EN CUBES

— 1 PAMPLEMOUSSE COUPÉ EN SUPRÊMES

— 3 ORANGES SANGUINES COUPÉES EN SUPRÊMES

— LES GRAINES D'UNE GROSSE POMME GRENADE

— ⅓ D'ANANAS COUPÉ EN GROS CUBES

— ⅓ DE CANTALOUP COUPÉ EN GROS CUBES

— 1 GROSSE MANGUE COUPÉE EN GROS CUBES

— 30 RAISINS ROUGES COUPÉS EN DEUX

— LE ZESTE DE ½ LIME

— 12 GROSSES FEUILLES DE MENTHE HACHÉES GROSSIÈREMENT

— JUS D'ORANGE

— 250 ML (1 TASSE) DE VIN MOUSSEUX SEC (DE TYPE HENKELL)

PRÉPARATION

1- Mettre tous les fruits dans un grand bol avec le zeste de lime et la menthe. Verser suffisamment de jus d'orange pour à peine les recouvrir. Bien mélanger et réserver au frigo 30 minutes.

2- Juste avant de servir, ajouter le vin mousseux et mélanger délicatement.

CROISSANTS DORÉS

 PRÉPARATION : 10 min
CUISSON : 10 min

 DIFFICULTÉ :
facile

 PORTIONS : 2

INGRÉDIENTS

— 3 ŒUFS

— 125 ML (½ TASSE) DE LAIT

— 1 BOUCHON DE RHUM BRUN (OU D'EXTRAIT DE VANILLE)

— 1 C. À CAFÉ DE BEURRE

— 4 CROISSANTS FRAIS ENTIERS

— SIROP D'ÉRABLE (POUR LE SERVICE)

— FRUITS FRAIS COUPÉS (POUR LE SERVICE)

PRÉPARATION

1- Dans un grand bol, mettre les œufs, le lait et le rhum, puis bien fouetter.

2- Tremper les croissants dans le mélange et les écraser légèrement pour en faire sortir l'air. Les maintenir sous le liquide pour laisser la pâte absorber légèrement le mélange à base d'œufs.

3- Dans une poêle chauffée à feu moyen-élevé, faire fondre le beurre et bien l'étendre sur la surface. Déposer les croissants et ajouter une petite louche du mélange sur chacun. Faire cuire de 3 à 4 minutes, puis les retourner. Ajouter une autre petite louche du mélange sur les croissants et poursuivre la cuisson jusqu'à ce qu'ils soient dorés.

4- Servir avec une bonne quantité de sirop d'érable et couvrir de fruits frais !

± 15 $ | **HUNGARIA GRANDE CUVÉE BRUT**
Et pourquoi pas des bulles pour le brunch ? Même s'il est excellent lorsqu'on le boit seul, vu son petit prix, c'est une bonne option pour créer une version décadente du mimosa !

± 20 $ | **MICHEL JODOIN**
Un cidre mousseux rosé élaboré à partir d'une variété de pomme à chair rose nommée « Geneva ». Tout simplement génial au brunch !

SAUCISSES À DÉJEUNER AU PORC ET À L'ÉRABLE

PRÉPARATION : 15 min
RÉFRIGÉRATION : 30 min
CUISSON : 15 min

DIFFICULTÉ :
facile

DONNE : 12 saucisses

INGRÉDIENTS

— 750 G (ENVIRON 1 ½ LB) DE PORC HACHÉ MI-MAIGRE

— 190 ML (¾ TASSE) DE BACON CUIT (MAIS PAS TROP CROUSTILLANT) HACHÉ

— 60 ML (¼ TASSE) DE PERSIL FRAIS HACHÉ FINEMENT

— 2 C. À SOUPE DE SIROP D'ÉRABLE

— 1 C. À CAFÉ DE FEUILLES DE THYM FRAIS

— ½ C. À CAFÉ DE SAUGE SÉCHÉE

— ½ C. À CAFÉ DE GRAINES DE FENOUIL

— HUILE DE CANOLA

— SEL ET POIVRE DU MOULIN

PRÉPARATION

1- Verser tous les ingrédients, sauf l'huile, dans un grand bol. Saler et poivrer. Bien mélanger avec les mains et former 12 galettes. Réserver au frigo 30 minutes.

2- Chauffer une grande poêle à feu moyen et étendre une mince couche d'huile sur la surface. Cuire les saucisses de 2 à 3 minutes de chaque côté, jusqu'à ce qu'elles soient bien dorées. Laisser reposer 2 minutes avant de manger.

± 15 $ | **ROBERTSON WINERY SHIRAZ MOURVEDRE VIOGNIER**
Les notes fumées et boisées de cet assemblage d'Afrique du Sud iront à merveille avec les saveurs de bacon et d'érable. Décadent !

± 20 $ | **BERINGER FOUNDERS' ESTATE PINOT NOIR**
Souple et digeste, mais doté d'une personnalité affirmée, ce pinot américain aux parfums vanillés a assez de coffre pour tenir tête à ces saucisses !

Ces saucisses du paradis peuvent facilement se faire d'avance et se conserver crues au frigo pendant quelques jours. Vous avez doublé la recette et vous en avez trop ? Congelez les saucisses restantes crues !

Crostinis à la ricotta et aux champignons sauvages

ENTRÉES & HORS-D'ŒUVRE

POUR VOUS METTRE L'EAU À LA BOUCHE

- 54 -

SOUPE CRÉMEUSE AUX CHAMPIGNONS SAUVAGES
ET À LA BIÈRE BLANCHE

- 75 -

PIZZA BIANCA

- 81 -

TARTARE DUO DE SAUMON AVEC FENOUIL ET POMME

ET ENCORE PLUS!

CROSTINIS À LA RICOTTA ET AUX CHAMPIGNONS SAUVAGES

 PRÉPARATION: 20 min
CUISSON: 15 min

 DIFFICULTÉ: facile

 PORTIONS: 4

INGRÉDIENTS

— 4 TRANCHES DE PAIN AUX NOIX D'ENVIRON 1,5 CM (½ PO) D'ÉPAISSEUR

— HUILE D'OLIVE

— 3 C. À SOUPE DE BEURRE

— 100 G (3 ½ OZ) DE CHAMPIGNONS SHIITAKES FRAIS TRANCHÉS

— 100 G (3 ½ OZ) DE CHAMPIGNONS PLEUROTES FRAIS TRANCHÉS

— 114 G (4 OZ) DE CHAMPIGNONS CAFÉ (CREMINI) FRAIS TRANCHÉS

— ZESTE DE ½ CITRON

— 1 C. À SOUPE DE VIN BLANC DE BONNE QUALITÉ

— UNE POIGNÉE D'ORIGAN FRAIS

— 60 ML (¼ TASSE) DE RICOTTA FRAÎCHE À LA TEMPÉRATURE AMBIANTE

— FLEUR DE SEL

— ROQUETTE

— COPEAUX DE FROMAGE PECORINO

— SEL ET POIVRE DU MOULIN

PRÉPARATION

1- Badigeonner un côté de chaque tranche de pain avec de l'huile d'olive. Dans une poêle de fonte striée chauffée à feu moyen, faire griller les tranches de pain du côté huilé, de 2 à 3 minutes ou jusqu'à ce qu'elles soient bien dorées! Réserver.

2- Pendant ce temps, dans une grande poêle chauffée à feu moyen, faire fondre le beurre et ajouter les champignons. Saler et poivrer, puis faire sauter pendant 3 minutes. Ajouter le zeste de citron et le vin blanc, mélanger et laisser réduire à sec. Réduire le feu, incorporer l'origan et cuire 1 minute. Retirer du feu, mais garder au chaud.

3- Pour monter les crostinis, étendre 1 c. à soupe de ricotta sur chaque pain et saupoudrer d'une pincée de fleur de sel. Répartir les champignons sur la ricotta, puis ajouter un peu de roquette sur le dessus. Arroser les crostinis d'un mince filet d'huile d'olive et garnir de copeaux de fromage pecorino avant de servir.

± 15 $ | **PFAFF PINOT GRIS**

Un pinot gris alsacien au nez rappelant le miel et la pomme mûre, doté d'une délicate pointe de sucre résiduel et d'une superbe texture.

± 20 $ | **CHÂTEAU PHILIPPE-LE-HARDI CLOS DE LA CHAISE DE DIEU 2012**

Un chardonnay bourguignon plutôt classique, entre l'opulence et la fraîcheur, parfait pour ce plat aux riches saveurs de champignons.

STEAK DE THON EN CROÛTE DE SÉSAME

 PRÉPARATION : 12 min
MACÉRATION : 10 min
CUISSON : 2 min

DIFFICULTÉ :
facile

 PORTIONS : 2

INGRÉDIENTS

— LE JUS DE ½ LIME

— 4 GOUTTES D'HUILE DE SÉSAME GRILLÉ

— 2 C. À CAFÉ DE MIEL

— 2 GROS STEAKS DE THON ROUGE D'ENVIRON 250 G (9 OZ) CHACUN, DE QUALITÉ SUSHI

— 125 ML (½ TASSE) DE GRAINES DE SÉSAME RÔTIES (ENVIRON)

— 3 C. À CAFÉ D'HUILE DE CANOLA (ENVIRON)

— 1 OIGNON VERT TRANCHÉ FINEMENT

— SAUCE TAMARI

— SEL ET POIVRE DU MOULIN

PRÉPARATION

1- Dans un bol, mettre le jus de lime, l'huile de sésame et le miel. Saler, poivrer et bien mélanger. Réserver.

2- Sortir le thon du frigo et laisser tempérer 15 minutes. Déposer les steaks de thon dans un grand plat et les couvrir du mélange de jus de lime. Les retourner pour bien les enrober. Laisser mariner sur le comptoir 10 minutes.

3- Dans une grande assiette, verser les graines de sésame. Déposer les steaks de thon sur les graines et les retourner pour les enrober généreusement (n'oubliez surtout pas les côtés !).

4- Dans une poêle chauffée à feu élevé (elle doit être vraiment chaude !), verser l'huile de canola et attendre 1 minute. Ajouter les steaks de thon et cuire 30 secondes de chaque côté. Retirer de la poêle immédiatement. Laisser reposer 2 minutes et couper le thon en tranches minces. Garnir le tout d'oignons verts et servir avec de la sauce tamari !

± 15 $ | **BORSAO SELECCION**

C'est bon et pas compliqué, sur le fruit et les épices, on en redemande ! À servir légèrement rafraîchi.

± 20 $ | **BOUCHARD PÈRE & FILS COTEAUX BOURGUIGNONS LES DEUX LOUPS**

Un assemblage de pinot noir et de gamay, tendre et séduisant. À servir frais pour en apprécier le caractère fruité et gourmand.

J'adore accompagner cette entrée d'un bon saké chaud (je sais, je sais, les bons sakés se boivent froids, mais moi, j'adore le Hakutsuru «cheap» chaud !). Pour faire chauffer le saké, déposez simplement la bouteille, bouchon fermé, dans un chaudron d'eau bouillante jusqu'à ce que le niveau du saké ait monté dans le goulot ! Gardez-le ensuite au chaud, à la température minimum. Ne faites jamais bouillir le saké, sinon il tournera au vinaigre !

SOUPE CRÉMEUSE AUX CHAMPIGNONS SAUVAGES ET À LA BIÈRE BLANCHE

PRÉPARATION	CUISSON	DIFFICULTÉ	PORTIONS
15 min	20 min	facile	4

INGRÉDIENTS

— 60 ML (¼ TASSE) DE BEURRE

— 227 G (8 OZ) DE CHAMPIGNONS BLANCS
COUPÉS EN TRANCHES

— 227 G (8 OZ) DE CHAMPIGNONS CAFÉ (CREMINI)
COUPÉS EN TRANCHES

— 200 G (7 OZ) DE CHAMPIGNONS SHIITAKES
COUPÉS EN TRANCHES

— 1 CHAMPIGNON PORTOBELLO
COUPÉ EN 2 PUIS EN TRANCHES

— 3 GOUSSES D'AIL HACHÉES FINEMENT

— 2 C. À SOUPE D'HUILE D'OLIVE

— 1 OIGNON ESPAGNOL HACHÉ FINEMENT

— 125 ML (½ TASSE) DE BIÈRE BLANCHE DE CHAMBLY
D'UNIBROUE (OU DE BOUILLON DE POULET)

— 60 ML (¼ TASSE) DE VIN BLANC SEC

— 1 C. À SOUPE DE FEUILLES DE THYM FRAIS

— 1 LITRE (4 TASSES) DE BOUILLON DE POULET

— 250 ML (1 TASSE) DE CRÈME CHAMPÊTRE 15 %

— 2 C. À SOUPE DE FÉCULE DE MAÏS DILUÉE
DANS 60 ML (¼ TASSE) D'EAU FROIDE

— 4 TRANCHES DE BACON CUIT BIEN CROUSTILLANT,
COUPÉES EN PETITS MORCEAUX

— CIBOULETTE FRAÎCHE HACHÉE FINEMENT

— SEL ET POIVRE DU MOULIN

PRÉPARATION

1- Dans une grande casserole chauffée à feu moyen, faire fondre le beurre. Ajouter les champignons, l'ail et l'huile d'olive, puis saler et poivrer. Cuire environ 5 minutes en remuant régulièrement. Ajouter l'oignon et cuire 3 minutes. Verser la bière et le vin, puis amener à ébullition. Réduire à feu moyen-doux et laisser mijoter 5 minutes en remuant de temps en temps (bien gratter le fond pour aller chercher les saveurs).

2- Ajouter les feuilles de thym, le bouillon de poulet, la crème et la fécule de maïs diluée dans l'eau, puis bien mélanger. Laisser mijoter à feu doux de 5 à 7 minutes, ou jusqu'à ce que la soupe ait pris la couleur des champignons. Retirer du feu, goûter puis rectifier l'assaisonnement, si nécessaire.

3- Répartir la soupe dans les bols, puis garnir de bacon croustillant et de ciboulette. Accompagner de croûtons au fromage de chèvre, puis servir. (Recette disponible sur mon site lecoupdegrace.ca.)

± 15 $ | **FLEUR DU CAP CHARDONNAY**

On sort les blancs opulents, riches et possédant des notes boisées ! Ce chardonnay au nom évocateur présente des accents de pomme mûre, de poire, et des notes finement grillées.

± 20 $ | **BOURGOGNE CHARDONNAY BEAUCHARME LOUIS MA**

Un bourgogne irréprochable pour le prix ! Il combine des accents de noisette, de pomme mûre, de fleurs et de sésame grillé pour notre plus grand plaisir.

**Le vin blanc ajoute de la saveur au plat. Pour l'amour de Dieu, utilisez un vin blanc que vous aimez boire...
Cela fera toute la différence !**

CROÛTONS CATALANS

PRÉPARATION : 30 min
RÉFRIGÉRATION : 3 h (tapenade)
CUISSON : 3 min

DIFFICULTÉ :
facile

DONNE : environ 30 croûtons

L'idée de ces croûtons m'est venue durant mon voyage culinaire en Espagne. Dans chaque restaurant, on me demandait si je voulais du pan con tomate, et chaque fois, je refusais… Jusqu'à ce que je voie des Espagnols prendre ces fameux pains tomatés et les enterrer avec les tapas… Quelle découverte ce fut !

INGRÉDIENTS

— 1 BAGUETTE DE PAIN COUPÉE EN
30 TRANCHES D'ENVIRON 1,5 CM (½ PO)

— 1 GROSSE TOMATE COUPÉE EN QUARTIERS

— HUILE D'OLIVE

— 160 ML (⅔ TASSE) DE TAPENADE MAISON AUX OLIVES KALAMATA (VOIR RECETTE CI-DESSOUS) OU DE TAPENADE DU COMMERCE

— 6 TRANCHES DE PROSCIUTTO, LE GRAS RETIRÉ, COUPÉES GROSSIÈREMENT

— COPEAUX DE PARMESAN FRAIS

PRÉPARATION

1- Préchauffer le four à broil. Déposer les tranches de pain sur une plaque de cuisson et les mettre au four. Cuire 3 minutes ou jusqu'à ce que les croûtons soient légèrement dorés des deux côtés (retourner à mi-cuisson). Réserver.

2- Frotter l'intérieur de la tomate sur un des côtés des croûtons, puis ajouter un mince filet d'huile d'olive. Étendre environ 1 c. à café de tapenade sur chaque croûton. Ajouter ensuite quelques morceaux de prosciutto et garnir de copeaux de parmesan !

TAPENADE AUX OLIVES KALAMATA

DONNE : 500 ml (2 tasses)

INGRÉDIENTS

— 250 ML (1 TASSE) D'OLIVES KALAMATA ENTIÈRES DÉNOYAUTÉES

— 6 FILETS D'ANCHOIS DANS L'HUILE, ÉGOUTTÉS

— 125 ML (½ TASSE) D'HUILE D'OLIVE

— 2 GOUSSES D'AIL

— 60 ML (¼ TASSE) DE CÂPRES ÉGOUTTÉES

— UNE PINCÉE DE SEL

— POIVRE DU MOULIN

PRÉPARATION

1- Dans un robot culinaire, déposer tous les ingrédients sauf le poivre, puis hacher grossièrement 4 ou 5 secondes. Mélanger avec une cuillère, puis hacher de nouveau pendant quelques secondes (attention : la texture doit être fine, mais pas en purée !). Poivrer généreusement et mélanger avec la cuillère.

2- Déposer le mélange dans un contenant hermétique et mettre au frigo pour 3 heures ou, encore mieux, toute la nuit !

± 10 $ | **MAS DES TOURELLES GRANDE CUVÉE**

Quel beau vin pour le prix ! Tout ce qu'on aime du sud de la France, ces fameux accents de framboise, de violette et de poivre, dans un corps digeste.

± 20 $ | **MAISON LOUIS JADOT BEAUJOLAIS VILLAGES COMBE AUX JACQUES**

Grand classique, ce vin souple sur les fruits rouges gagne à être servi légèrement frais sur la terrasse. Une coupe nous fait réaliser qu'on aime bien le gamay, au fond.

Espagne

INCONTOURNABLE

BRIE FONDANT EN CROÛTE AVEC POIRE CARAMÉLISÉE À LA BIÈRE

 PRÉPARATION : 25 min
CUISSON : 45 min

 DIFFICULTÉ : moyen

 **PORTIONS :** 4 à 6

INGRÉDIENTS

- 250 G (9 OZ) DE PÂTE FEUILLETÉE AU BEURRE, DÉCONGELÉE
- 1 MEULE DE 450 G (16 OZ) DE BRIE DOUBLE-CRÈME
- 1 ŒUF BATTU
- 2 C. À SOUPE DE BEURRE
- 1 POIRE BARTLETT MÛRE, COUPÉE EN DEUX SUR LA LONGUEUR, PUIS EN TRANCHES DE 3 À 4 MM (ENVIRON ⅛ PO)
- 3 C. À SOUPE DE SIROP D'ÉRABLE
- 3 C. À SOUPE DE BIÈRE ÉPHÉMÈRE POIRE D'UNIBROUE (OU AUTRE BIÈRE BLANCHE)
- 60 ML (¼ TASSE) DE PACANES HACHÉES GROSSIÈREMENT
- 60 ML (¼ TASSE) DE CANNEBERGES SÉCHÉES

PRÉPARATION

1- Préchauffer le four à 200°C (400°F). Couvrir une plaque de papier parchemin.

2- Dérouler la pâte feuilletée sur une surface farinée, puis l'abaisser de manière qu'elle puisse envelopper la meule au complet. Déposer le brie en plein centre et replier la pâte par-dessus (ne vous en faites pas si la meule n'est pas recouverte entièrement !). Badigeonner le dessus et les côtés avec l'œuf battu, puis déposer sur la plaque préparée. Cuire au four de 30 à 35 minutes ou jusqu'à ce que la croûte soit bien dorée. Sortir du four et laisser reposer 5 minutes.

3- Entre-temps, dans une poêle chauffée à feu moyen, faire fondre le beurre. Ajouter les tranches de poire avec 2 c. à soupe du sirop d'érable et 2 c. à soupe de la bière, puis mélanger. Cuire 8 minutes en remuant délicatement. Ajouter les pacanes et les canneberges avec le restant du sirop d'érable et de la bière, puis mélanger délicatement. Cuire encore 2 minutes et retirer du feu.

4- Déposer le fromage dans une assiette de présentation, puis verser le mélange dessus. (Dévorez immédiatement en faisant attention de ne pas vous brûler !)

± 15 $ | **CONCHA Y TORO VENDANGES TARDIVES SAUVIGNON BLANC 2014**

Cette vendange tardive chilienne est vendue à si bon prix que vous deviendrez probablement un abonné de ce produit !

± 30 $ | **MACULAN TORCOLATO 2011**

Euh, 30 $ pour une demi-bouteille ? Pas donné… Mais pour un des plus beaux vins liquoreux d'Italie ? C'est une aubaine !

Quand il reste environ 10 minutes à la cuisson du fromage, commencez la préparation de la garniture à la poire (étape 3) !

CREVETTES SWEET & SPICY

PRÉPARATION : 20 min
RÉFRIGÉRATION : 1 h
CUISSON : 8 min

PORTIONS : 4

DIFFICULTÉ :
facile

INGRÉDIENTS

— 3 C. À SOUPE DE MIEL

— 1 C. À SOUPE DE SIROP D'ÉRABLE

— 2 C. À SOUPE DE SAUCE SOYA

— ½ C. À CAFÉ DE GINGEMBRE FRAIS RÂPÉ FINEMENT

— ½ C. À CAFÉ DE SRIRACHA

— 4 GOUTTES D'HUILE DE SÉSAME GRILLÉ

— 1 GROSSE GOUSSE D'AIL HACHÉE FINEMENT

— 400 G (14 OZ) DE CREVETTES (GROSSEUR 21-30) ÉCAILLÉES ET DÉVEINÉES, AVEC LA QUEUE

— 60 ML (¼ TASSE) DE CORIANDRE FRAÎCHE HACHÉE FINEMENT (POUR LE SERVICE)

— SEL ET POIVRE DU MOULIN

PRÉPARATION

1- Mettre tous les ingrédients (sauf les crevettes et la coriandre) dans un grand plat hermétique. Saler, poivrer, puis bien mélanger. Ajouter les crevettes, refermer le plat et bien brasser pour que les crevettes soient enrobées de la marinade. Placer au frigo pour 1 heure (mélanger de temps à autre).

2- Chauffer une grande poêle à feu moyen-élevé. Verser seulement la marinade dans la poêle et laisser réduire 2 minutes. Ajouter les crevettes et cuire de 2 à 3 minutes de chaque côté ou jusqu'à ce qu'elles soient rosées et que la sauce soit sirupeuse.

3- Verser dans une assiette, garnir de coriandre fraîche et servir avec des cure-dents !

± 15 $ | **TORRES VINA ESMERALDA**
Envie d'un accord sur le thème de la fraîcheur ? Cet assemblage de muscat et de gewurztraminer aux parfums de rose et de litchi, doté d'une touche de sucre résiduel, est véritablement déroutant !

± 30 $ | **CHARLES SMITH WINES KUNG FU GIRL RIESLING 2014**
Un riesling demi-sec de l'État de Washington produit par un vigneron à la personnalité... colorée ! Ça sent bon le citron et le jasmin.

HUÎTRES AVEC BRUNOISE DE POMMES VERTES ET CIDRE MOUSSEUX

 PRÉPARATION : 25 min
CUISSON : aucune

 DIFFICULTÉ :
moyen

 **DONNE :** 18 huîtres

INGRÉDIENTS

— 18 HUÎTRES FRAÎCHES DE TYPE LUCKYLIME
  (ÎLE-DU-PRINCE-ÉDOUARD)

— 1 POMME VERTE PELÉE ET COUPÉE EN BRUNOISE

— ZESTE DE 2 LIMES

— 60 ML (¼ TASSE) DE CIDRE MOUSSEUX (ENVIRON)

— TABASCO (FACULTATIF)

PRÉPARATION

1- Ouvrir les huîtres, bien les rincer et vider le jus. Gratter à l'intérieur pour libérer la membrane. Réserver les huîtres nettoyées au frigo.

2- Au moment de servir, ajouter dans chaque huître environ 10 dés de pomme, une pincée de zeste de lime et ½ c. à café du cidre mousseux. Manger immédiatement ! Pour un kick piquant, verser quelques gouttes de tabasco !

± 20 $ | **PARÉS BALTÀ CAVA BRUT**
Produits dans le nord-est de l'Espagne à partir de la méthode traditionnelle, les mousseux de l'appellation Cava en offrent beaucoup à bon prix. Celui de Parés Baltà vous en convaincra aisément.

± 40 $ | **PAUL GOERG BLANC DE BLANCS**
Ah ! le champagne... Dès qu'on le sort, la soirée prend des airs de fête, surtout avec les huîtres ! Ce champagne est fin et délicat, parfait pour démarrer la soirée en force !

Pour éviter que la pomme brunisse, préparez-la juste avant de servir. Il est facile de faire une brunoise : coupez la pomme en tranches minces d'environ 3 mm (⅛ po), puis recoupez-la dans l'autre sens pour faire une julienne. Trancher ensuite le tout en mini-cubes et le tour est joué !

CROÛTONS DE BRIE AUX POIRES ET AU FENOUIL CARAMÉLISÉS

PRÉPARATION	CUISSON	DIFFICULTÉ	DONNE
15 min	20 min	facile	30 croûtons

INGRÉDIENTS

— 1 C. À SOUPE DE BEURRE

— HUILE D'OLIVE

— 2 POIRES BARTLETT PELÉES ET COUPÉES EN CUBES

— 1 PETIT BULBE DE FENOUIL COUPÉ EN DÉS

— 60 ML (¼ TASSE) DE RAISINS SECS DORÉS

— 60 ML (¼ TASSE) DE PINEAU DES CHARENTES
(OU DE JUS DE POMME BRUT)

— 2 ½ C. À SOUPE DE CIBOULETTE FRAÎCHE
HACHÉE FINEMENT

— 60 ML (¼ TASSE) DE NOIX DE PIN LÉGÈREMENT GRILLÉES

— 1 BAGUETTE DE PAIN COUPÉE EN 30 TRANCHES
(EN ANGLE) D'ENVIRON 1 CM (⅓ PO).

— 1 MEULE DE 300 G (10 OZ) DE BRIE DOUBLE CRÈME (DE TYPE
ALEXANDRE-DE-PORTNEUF) COUPÉE EN 30 PETITES POINTES

PRÉPARATION

1- Préchauffer le four à 200 °C (400 °F).

2- Dans une grande poêle chauffée à feu moyen, faire fondre le beurre et ajouter
un filet d'huile d'olive. Mettre les poires, le fenouil et les raisins dans la poêle
puis mélanger. Cuire 5 minutes en remuant. Ajouter le Pineau des Charentes et
1 c. à soupe de la ciboulette. Mélanger et cuire encore 5 minutes en remuant
ou jusqu'à ce que les poires et le fenouil soient tendres. Ajouter les noix de pin
et 1 c. à soupe de la ciboulette. Mélanger et fermer le feu. Réserver au chaud.

3- Déposer les tranches de pain sur une plaque de cuisson et badigeonner le dessus d'huile d'olive. Mettre au four et cuire de 7 à 8 minutes ou jusqu'à ce que
les croûtons soient grillés.

4- Placer les croûtons dans une assiette de présentation. Déposer une pointe de
fromage sur chacun et environ 1 c. à soupe du mélange poire-fenouil. Décorer
du reste de la ciboulette fraîche et manger immédiatement!

± 15 $ | **BRUMONT GROS MANSENG/SAUVIGNON**
Brumont, une valeur sûre! Cet assemblage de gros manseng et de
sauvignon présente de fraîches notes végétales et exotiques qui feront
un rappel intéressant avec le fenouil!

± 20 $ | **ARGYROS ATLANTIS 2015**
Connaissez-vous les blancs grecs? Celui-ci vous convaincra de leur
faire une place à table avec ses notes d'agrumes et de craie, en plus
d'une pointe presque saline qui décuple son caractère rafraîchissant.

**Pour donner un petit côté interactif à cette entrée, vous pouvez monter seulement les croûtons et le fromage,
puis laisser les invités ajouter eux-mêmes la garniture! Un conseil: mangez cette entrée assis à la table,
la garniture a tendance à tomber des croûtons!**

ÉTAGÉS DE BETTERAVES AVEC FROMAGE DE CHÈVRE ET PESTO DE BASILIC

PRÉPARATION	CUISSON	DIFFICULTÉ	PORTIONS
50 min	1 h 40 min	moyen	4

INGRÉDIENTS

PESTO DE BASILIC

— 60 ML (¼ TASSE) DE NOIX DE PIN

— 500 ML (2 TASSES) DE FEUILLES DE BASILIC FRAIS, TASSÉES

— LE JUS DE ½ CITRON

— 60 ML (¼ TASSE) D'HUILE D'OLIVE + 2 C. À SOUPE

— SEL ET POIVRE DU MOULIN

ÉTAGÉS DE BETTERAVES

— 4 BETTERAVES MOYENNES

— 200 G (7 OZ) DE FROMAGE DE CHÈVRE NON AFFINÉ À PÂTE MOLLE

— HUILE D'OLIVE

— CRÈME DE VINAIGRE BALSAMIQUE

— FLEUR DE SEL

PRÉPARATION

PESTO

1- Dans une poêle chauffée à feu moyen, faire griller à sec les noix de pin de 2 à 3 minutes, en remuant régulièrement, pour faire ressortir les saveurs. Transférer dans un robot culinaire. Ajouter le basilic, le jus de citron, 60 ml (¼ tasse) d'huile d'olive, puis saler et poivrer. Hacher les ingrédients de 1 à 2 minutes pour obtenir une texture fine. Ajouter 2 c. à soupe d'huile d'olive et mélanger à la cuillère. Réserver.

ÉTAGÉS DE BETTERAVES

1- Préchauffer le four à 200 °C (400 °F).

2- Emballer chacune des betteraves de papier d'aluminium et les déposer sur une plaque de cuisson. Cuire au four environ 1 h 30 min. Retirer du four et laisser refroidir 10 minutes.

3- Enlever le papier d'aluminium et retirer la pelure des betteraves en les frottant doucement sous l'eau froide. Couper chaque betterave en trois tranches égales, (assurez-vous que les tranches sont assez épaisses, surtout celle du bas, pour bien soutenir les cure-dents). Réserver.

4- Couper le fromage de chèvre en 8 tranches d'environ 0,5 cm (¼ po) d'épaisseur et les écraser légèrement avec le plat d'un gros couteau, de manière à les rendre aussi larges que les tranches de betterave.

5- Augmenter la température du four à 215 °C (425 °F). Couvrir une grande plaque de cuisson de papier parchemin.

6- Déposer les premières tranches de betterave (celles du bas) sur la plaque. Couvrir d'une tranche de fromage de chèvre puis d'environ ½ c. à café de pesto. Répéter avec une autre tranche de betterave, le fromage et le pesto, puis terminer avec la troisième tranche de betterave. Piquer un long cure-dent au centre de l'étagé. Répéter avec le reste des ingrédients. Mettre au four et cuire 5 minutes.

7- Déposer les étagés dans les assiettes de service, arroser d'huile d'olive suivi d'un filet de crème de vinaigre balsamique. Garnir de fleur de sel et servir immédiatement !

± 10 $ | **BOSCHENDAL THE PAVILLION CHENIN BLANC**

Wow, quel beau vin ! Des notes de poire bien mûre complétées d'une touche minérale rappelant la craie. Un chenin blanc frais et digeste, épatant pour le prix, avec cette entrée en mode fraîcheur.

± 20 $ | **SAINT CLAIR MARLBOROUGH PREMIUM SAUVIGNON BLANC**

Le basilic et le fromage de chèvre appellent naturellement le sauvignon blanc, comme cet excellent vin néo-zélandais aux accents de pamplemousse et aux notes herbacées hyper fraîches !

Gagnez du temps en faisant cuire les betteraves et en préparant le pesto à l'avance. Aussi, coupez légèrement la base de vos betteraves si elles ne tiennent pas bien debout !

PIZZA BIANCA

Cette recette simple m'a été inspirée lors de mon dernier voyage en Italie. J'étais à Rome avec ma petite famille et j'ai eu la chance de goûter à plusieurs versions de ce petit délice. Au restaurant, elle était servie en entrée, comme nous servons le pain et le beurre ici!

INGRÉDIENTS

- FARINE BLANCHE TOUT USAGE
- 1 BOULE (450 G/1 LB) DE PÂTE À PIZZA
- HUILE D'OLIVE
- 2 GOUSSES D'AIL HACHÉES FINEMENT
- 1 C. À CAFÉ D'ÉPICES ITALIENNES (OU PLUS AU GOÛT)
- 500 ML (2 TASSES) ENVIRON DE FROMAGE MOZZARELLA RÂPÉ
- PERSIL SÉCHÉ

 PRÉPARATION: 20 min
CUISSON: 10 min

 DIFFICULTÉ: facile

 DONNE: 1 pizza moyenne de 30 cm (12 po)

PRÉPARATION

1- Préchauffer le four à 260 °C (500 °F).

2- Sur un plan de travail légèrement fariné, abaisser la pâte à pizza avec un rouleau à pâtisserie jusqu'à ce qu'elle soit mince, environ 3 mm (⅛ po) d'épaisseur. Déposer la pâte sur une plaque de cuisson huilée ou, encore mieux, sur une grille à cuisson ou une plaque perforée!

3- Verser un mince filet d'huile d'olive sur la pâte et la frotter avec les mains pour l'étendre. Répartir l'ail et les épices italiennes sur la pâte. Couvrir du fromage mozzarella et ajouter du persil séché, au goût.

4- Cuire au four environ 10 minutes, ou jusqu'à ce que la croûte soit cuite et le fromage bien doré. Couper et servir le plus rapidement possible pendant que c'est chaud!

± 15 $ | **ANSELMI SAN VINCENZO**

Un vin dont je ne me tanne jamais! Élaboré principalement avec un cépage local de la Vénétie, le garganega, ce vin présente des parfums d'agrumes, de poire et de miel.

± 20 $ | **FRESCOBALDI CASTELLO DI POMINO 2015**

Un blanc de la Toscane aux notes de fleurs et de poire qui allie fraîcheur et texture, et qui prouve que cette région ne produit pas que des vins rouges de qualité!

Pour une pizza faite maison de A à Z, trouvez ma recette de pâte à pizza sur mon site lecoupdegrace.ca!

PEAUX DE POULET CROUSTILLANTES

 PRÉPARATION: 15 min
CUISSON: 20 min

 DIFFICULTÉ:
moyen

 PORTIONS: 4

Personnellement, j'aime tellement la peau de poulet que je ne mangerais que ça – bien assaisonnée et super croustillante, évidemment! Impressionnez vos amis lors du prochain match avec ce hors-d'œuvre salé!

INGRÉDIENTS

— 2 C. À CAFÉ DE PAPRIKA

— 2 C. À CAFÉ D'ÉPICES ITALIENNES

— 2 C. À CAFÉ DE CASSONADE

— 1 C. À CAFÉ DE SEL D'AIL

— LA PEAU DE 8 POULETS ENTIERS, LE GRAS ENLEVÉ (GRATTEZ EN DESSOUS AVEC UN COUTEAU)

— SEL ET POIVRE DU MOULIN (AU GOÛT)

PRÉPARATION

1- Préchauffer le four à 160 °C (325 °F). Dans un bol, mettre toutes les épices et bien mélanger.

2- Sur une grande plaque de cuisson recouverte de papier parchemin, saupoudrer quelques pincées du mélange d'épices. Étendre la moitié des peaux et répartir un autre quart du mélange d'épices sur celles-ci. Couvrir d'une feuille de papier parchemin, déposer une autre plaque de cuisson par-dessus et bien appuyer pour écraser les peaux. Mettre au four avec les 2 plaques (les peaux cuiront bien droites!). Répéter avec le reste des épices et des peaux sur une autre plaque de cuisson. Changer de papier parchemin entre chaque cuisson. (Surtout, soyez vigilant rendu à la deuxième cuisson, les plaques étant déjà chaudes. Les peaux cuiront plus rapidement!)

3- Cuire au four de 25 à 30 minutes ou jusqu'à ce que les peaux soient dorées et croustillantes. Vérifier la cuisson en cours de route et faire une rotation des plaques aux 10 minutes pour s'assurer d'une cuisson égale.

4- Retirer du four et déposer les peaux sur du papier absorbant. Laisser refroidir et durcir de 5 à 10 minutes. Servir avec une grosse bière froide!

± 10$ | **J.M. FONSECA ALBIS**

En mode apéro qui se prolonge, on cherche plus un vin de circonstance qu'un accord parfait. Ce vin présente un profil muscaté et un max de fraîcheur, exactement ce qu'on veut boire sur la terrasse.

± 20$ | **PIEROPAN SOAVE CLASSICO 2014**

Une des meilleures maisons de l'appellation soave, un véritable sans faute... Un vin aux notes d'amandes et de fleurs alliant fraîcheur et texture!

Non, non, ce n'est pas nécessaire d'acheter 8 poulets entiers pour faire cette recette! Vous pouvez accumuler au fur et à mesure la peau des poulets que vous achetez et la congeler. Restera à laisser les peaux dégeler quelques minutes au frigo avant de les préparer.

FONDUE AU FROMAGE SWISS KNIGHT© «PIMPÉE» AUX PLEUROTES ET BIÈRE BLANCHE

 PRÉPARATION : 25 min
CUISSON : 20 min

 DIFFICULTÉ : facile

 **PORTIONS :** 2 à 4

INGRÉDIENTS

— 1 PAQUET DE 400 G (14 OZ) DE FONDUE AU FROMAGE, SWISS KNIGHT (OU AUTRE FONDUE SUISSE)

— 2 C. À SOUPE DE BEURRE

— 1 ÉCHALOTE FRANÇAISE HACHÉE FINEMENT

— 2 GOUSSES D'AIL HACHÉES FINEMENT

— 170 G (6 OZ) DE CHAMPIGNONS PLEUROTES HACHÉS

— 80 ML (⅓ TASSE) DE BIÈRE DON DE DIEU D'UNIBROUE (OU AUTRE BIÈRE BLANCHE FORTE)

— 150 G (5 OZ) DE FROMAGE MONT ST-BENOÎT (OU AUTRE FROMAGE DOUX DE TYPE AFFINÉ À PÂTE FERME), RÂPÉ

— 150 G (5 OZ) DE FROMAGE LE MOINE (OU AUTRE FROMAGE DOUX DE TYPE AFFINÉ À PÂTE FERME), RÂPÉ

— 4 C. À CAFÉ DE FÉCULE DE MAÏS DILUÉE DANS 4 C. À SOUPE D'EAU FROIDE

— SEL ET POIVRE DU MOULIN

PRÉPARATION

1- Déposer l'enveloppe fermée contenant la fondue au fromage suisse dans de l'eau chaude et laisser tremper 5 minutes (elle sera plus facile à sortir).

2- Dans une casserole à revêtement antiadhésif chauffée à feu moyen, faire fondre 1 c. à soupe du beurre. Ajouter l'échalote et l'ail et cuire en remuant de 4 à 5 minutes. Ajouter les champignons et le reste du beurre. Saler et poivrer. Cuire 4 minutes en remuant régulièrement.

3- Ajouter la bière, la fondue du commerce et les fromages, puis augmenter légèrement la température. Cuire en mélangeant de 5 à 7 minutes ou jusqu'à ce que les fromages soient bien fondus. Ajouter la fécule de maïs diluée dans l'eau et bien mélanger. Cuire de 3 à 4 minutes pour faire épaissir la préparation.

SUGGESTIONS D'ACCOMPAGNEMENTS

Pain artisanal aux fruits et aux noix (raisins, canneberges, etc.), raisins verts frais, pommes, chorizo, petits bouquets de brocoli et de chou-fleur légèrement blanchis, asperges et petites patates parisiennes.

± 15 $ | **LES VIGNES RETROUVÉES SAINT-MONT**
Deux vins, deux approches ! Celui-ci offre un accord par opposition : un vin frais possédant une bonne acidité qui coupe dans le caractère riche de la fondue.

± 30 $ | **LA CREMA MONTEREY COUNTY CHARDONNAY 2014**
Ici, je propose un accord de texture avec ce chardonnay aux accents de beurre frais et de poires.

Cette fondue est parfaite en repas principal pour un tête-à-tête ou en entrée pour un groupe de quatre personnes. Soyez inventif dans les accompagnements !

TARTARE DUO DE SAUMON AVEC FENOUIL ET POMME

INGRÉDIENTS

— 550 G (1 ¼ LB) DE SAUMON QUALITÉ TARTARE, SANS PEAU, HACHÉ FINEMENT

— 120 G (¼ LB) DE SAUMON FUMÉ HACHÉ FINEMENT

— 1 C. À SOUPE D'OIGNON VERT HACHÉ FINEMENT

— 1 C. À SOUPE D'OIGNON ROUGE HACHÉ FINEMENT

— 1 C. À SOUPE DE CIBOULETTE FRAÎCHE HACHÉE FINEMENT

— 1 C. À SOUPE DE CÂPRES HACHÉES FINEMENT

— 2 C. À SOUPE D'HUILE D'OLIVE EXTRA-VIERGE DE BONNE QUALITÉ

— 1 ½ C. À CAFÉ DE MOUTARDE DE DIJON

— 1 C. À CAFÉ DE ZESTE D'ORANGE

— 2 ½ C. À SOUPE DE FENOUIL FRAIS COUPÉ EN BRUNOISE

— 2 C. À SOUPE DE POMME VERTE PELÉE ET COUPÉE EN BRUNOISE

— SEL ET POIVRE DU MOULIN

PRÉPARATION : 20 min
RÉFRIGÉRATION : 30 min

DIFFICULTÉ : facile

PORTIONS : 4

± 15 $ | **ERRAZURIZ FUMÉ BLANC**

Un tartare qui mise sur la fraîcheur gagne à être accompagné de ce classique du répertoire chilien, qui rappelle le pamplemousse rose et les fruits exotiques.

± 20 $ | **CHÂTEAU DE SANCERRE**

On sort le sauvignon de compétition : un sancerre typé, où les notes d'agrumes s'allient à un caractère minéral des plus classiques. On en redemande !

PRÉPARATION

1- Dans un grand bol, mettre tous les ingrédients, à l'exception du fenouil et de la pomme. Saler et poivrer. Bien mélanger et placer la préparation au frigo pour 30 minutes.

2- Ajouter le fenouil et la pomme, puis bien mélanger. Goûter et rectifier l'assaisonnement, si nécessaire. Servir avec des croûtons.

Pour éviter que la brunoise de pomme brunisse, préparez-la tout juste avant de servir le tartare !

SOUPE À L'OIGNON GRATINÉE À LA FIN DU MONDE

 PRÉPARATION : 30 min
CUISSON : 1 h 10 min

 DIFFICULTÉ :
moyen

 PORTIONS : 6

INGRÉDIENTS

- 3 C. À SOUPE D'HUILE D'OLIVE
- 3 GROS OIGNONS (1 ROUGE, 1 BLANC, 1 VIDALIA) TRANCHÉS FINEMENT
- 1 OIGNON VERT HACHÉ FINEMENT
- 1 GROSSE GOUSSE D'AIL HACHÉE FINEMENT
- 750 ML (3 TASSES) DE BIÈRE LA FIN DU MONDE D'UNIBROUE (OU AUTRE BIÈRE BLONDE FORTE)
- 1 LITRE (4 TASSES) DE BOUILLON DE BŒUF
- 125 ML (½ TASSE) DE PORTO
- 125 ML (½ TASSE) DE VIN ROUGE
- ½ C. À CAFÉ DE GRAINES DE CÉLERI
- 1 GROSSE FEUILLE DE LAURIER
- 1 PINCÉE DE THYM SÉCHÉ
- 6 TRANCHES D'UNE GROSSE BAGUETTE FRANÇAISE D'ENVIRON 1 CM (⅓ PO) D'ÉPAISSEUR
- 230 G (2 TASSES) DE FROMAGE SUISSE RÂPÉ
- 100 G (1 TASSE) DE FROMAGE PARMESAN FRAIS RÂPÉ
- SEL ET POIVRE DU MOULIN

PRÉPARATION

1- Dans une grande casserole chauffée à feu moyen-doux, verser l'huile d'olive. Ajouter la moitié des oignons (½ de chaque sorte), l'oignon vert et l'ail, puis faire caraméliser de 15 à 20 minutes. Remuer régulièrement.

2- Verser la bière, porter à ébullition et réduire le feu. Bien gratter les sucs collés au fond de la casserole. Laisser réduire de 10 à 15 minutes ou jusqu'à ce que le liquide ait diminué environ de moitié. Ajouter le reste des ingrédients (sauf le pain et les fromages), saler et poivrer au goût, puis bien mélanger. Laisser mijoter environ 25 minutes.

3- Préchauffer le four à broil. Retirer la feuille de laurier du bouillon des dieux et le répartir dans 6 bols allant au four. Déposer une tranche de pain sur chaque bol puis répartir les fromages également sur le dessus, en commençant par le suisse. Placer au four et cuire jusqu'à ce que le fromage soit doré !

± 15$ | **LINDEMANS BIN 99 PINOT NOIR**

Pas facile de faire l'accord avec une soupe, mais la présence de vin, de porto et de bière dans cette recette devrait permettre un lien sympa ! Un pinot australien sur le fruit, irréprochable !

± 20$ | **DOMAINE DE LA CHARMOISE TOURAINE GAMAY 2015**

Henry Marionnet est une véritable star de la Loire ! Il y travaille le gamay avec succès, livrant des vins gourmands aux parfums de fraise, de pivoine et de terre fraîche.

Attention, cette soupe a tendance à bien remplir. Elle fait une excellente entrée, mais peut aussi être servie en plat principal pour les plus petits appétits !

TREMPETTE DE FÉTA, DE POIVRON ROUGE ET D'ARTICHAUTS GRILLÉS

 PRÉPARATION: 30 min
CUISSON: 10 min

 DIFFICULTÉ: facile

 DONNE: 750 ml (3 tasses)

INGRÉDIENTS

- 2 C. À CAFÉ D'HUILE D'OLIVE
- 1 ½ POIVRON ROUGE COUPÉ EN LANIÈRES
- 1 BOÎTE DE 398 ML (14 OZ) DE CŒURS D'ARTICHAUT BIEN ÉGOUTTÉS, COUPÉS EN QUATRE
- 1 GROSSE GOUSSE D'AIL HACHÉE FINEMENT
- 1 C. À SOUPE DE VIN BLANC
- 200 G (1 ⅓ TASSE) DE FÉTA ÉMIETTÉ FINEMENT
- 1 OIGNON VERT HACHÉ
- 60 ML (¼ TASSE) DE YOGOURT GREC 0%
- ¼ C. À CAFÉ DE PAPRIKA MOULU
- SEL ET POIVRE DU MOULIN

PRÉPARATION

1- Dans une grande poêle chauffée à feu moyen, mettre 1 c. à café d'huile d'olive. Ajouter les lanières de poivron, les cœurs d'artichaut et l'ail, puis saler et poivrer. Faire sauter de 2 à 3 minutes pour leur donner une belle coloration. Ajouter le vin blanc et poursuivre la cuisson de 3 à 4 minutes ou jusqu'à ce que les poivrons soient bien tendres. Déposer dans un grand bol et laisser refroidir 15 minutes.

2- Incorporer le féta et l'oignon vert dans le mélange de poivron refroidi. Déposer la préparation dans un robot culinaire et réduire en purée. Ajouter le yogourt, le paprika et le reste de l'huile d'olive, puis bien mélanger à l'aide d'une cuillère. Goûter et rectifier l'assaisonnement, si nécessaire. Réserver au frigo.

3- Servir avec des pitas grillés, des légumes ou des croûtons.

Parmentier de canard de course

PLATS PRINCIPAUX

POUR VOUS METTRE L'EAU À LA BOUCHE

- 110 -

CHAMPVALLON À LA BIÈRE MAUDITE

- 119 -

HOT CHICKEN AU CANARD CONFIT
AVEC FROMAGE PERRON AU PORTO

- 129 -

LASAGNE AU VEAU HACHÉ
ET AUX CHAMPIGNONS SAUVAGES

ET ENCORE PLUS !

PARMENTIER DE CANARD DE COURSE

 PRÉPARATION : 25 min
CUISSON : 1 h

 DIFFICULTÉ : moyen

 PORTIONS : 4

INGRÉDIENTS

— 2 GROSSES PATATES À CHAIR JAUNE PELÉES ET COUPÉES EN PETITS CUBES

— 1 GROS CÉLERI-RAVE PELÉ ET COUPÉ EN PETITS CUBES

— 3 C. À SOUPE DE BEURRE

— 60 ML (¼ TASSE) DE CRÈME CHAMPÊTRE 15 %, CHAUDE

— 1 C. À CAFÉ D'HUILE D'OLIVE

— 3 BRANCHES DE CÉLERI TRANCHÉES

— 1 BLANC DE POIREAU TRANCHÉ

— 2 GOUSSES D'AIL HACHÉES FINEMENT

— 1 C. À SOUPE DE FEUILLES DE THYM FRAIS

— 4 CUISSES DE CANARD CONFIT CUITES, DÉSOSSÉES ET EFFILOCHÉES, SOIT ENVIRON 560 G (1 ¼ LB) EN TOUT

— 60 ML (¼ TASSE) DE BIÈRE RAFTMAN D'UNIBROUE (OU AUTRE BIÈRE BRUNE) (FACULTATIF)

— 100 G (3 ½ OZ) DE FROMAGE À RACLETTE TRANCHÉ MINCE (IDÉALEMENT LE CANTONNIER)

— SEL ET POIVRE DU MOULIN

PRÉPARATION

1- Dans une grande casserole, faire bouillir de l'eau salée. Ajouter les patates et le céleri-rave et cuire de 35 à 40 minutes ou jusqu'à ce qu'ils soient ultra-tendres. Verser dans une passoire, bien égoutter et remettre dans la casserole chauffée à feu moyen.

2- Piler les patates et le céleri-rave jusqu'à ce qu'ils soient le plus lisses possible et ajouter le beurre. Continuer de piler pendant que le beurre fond. Ajouter la crème et bien mélanger (goûter et rectifier l'assaisonnement, si nécessaire). Réserver.

3- Dans une autre casserole chauffée à feu moyen, verser l'huile d'olive et ajouter le céleri, le poireau et l'ail. Faire revenir de 3 à 4 minutes en remuant régulièrement. Ajouter le thym et poursuivre la cuisson pendant 1 minute.

4- Ajouter le canard et la bière, si désiré, puis saler et poivrer. Cuire de 2 à 3 minutes, en remuant régulièrement pour réveiller les saveurs et faire réduire la bière un peu. Retirer du feu et réserver.

5- Préchauffer le four à broil.

6- Dans 4 ramequins ou bols allant au four, répartir le mélange de canard et l'enterrer de purée de patates et de céleri-rave. Déposer 1 ou 2 tranches de fromage sur le dessus, puis mettre au four. Cuire jusqu'à ce que le fromage soit fondu et bien doré ! Laisser reposer quelques minutes avant de servir.

± 10 $ | **BENJAMIN NIETO SENETINER**
Même si elle est méconnue, la bonarda est un des cépages les plus plantés d'Argentine. Découvrez-la avec ce rouge aux accents de cerise noire, de vanille et d'épices douces.

± 20 $ | **IJALBA RESERVA 2011**
Un espagnol qui a du coffre, avec un registre aromatique large, passant par des notes boisées, des accents de fruits compotés et des épices... On se régale !

BURGERS
DE PORC AU CHORIZO

PRÉPARATION	CUISSON	DIFFICULTÉ	PORTIONS
45 min	15 min	facile	6

INGRÉDIENTS

MAYONNAISE AU CHIPOTLE

— 125 ML (½ TASSE) DE MAYONNAISE

— ½ C. À CAFÉ DE PIMENT CHIPOTLE EN POUDRE
(OU PLUS AU GOÛT)

— ½ C. À SOUPE DE CIBOULETTE HACHÉE FINEMENT

— SEL

BURGERS DE PORC AU CHORIZO

— 900 G (2 LB) DE PORC HACHÉ MI-MAIGRE

— 125 G (¼ LB) DE CHORIZO SEC
(STYLE ESPAGNOL) HACHÉ FINEMENT

— 1 ÉCHALOTE FRANÇAISE HACHÉE FINEMENT

— 1 C. À SOUPE DE SAUGE SÉCHÉE

— 2 GOUSSES D'AIL HACHÉES FINEMENT

— UNE PETITE POIGNÉE DE PERSIL FRAIS
HACHÉ FINEMENT

— HUILE VÉGÉTALE (POUR LA GRILLE)

— 6 TRANCHES DE FROMAGE SUISSE

— BEURRE

— 6 PAINS BRIOCHÉS AU FROMAGE
(RECETTE P. 205)

— 12 FEUILLES DE SALADE (ENVIRON)

— 3 TOMATES TRANCHÉES

— 250 ML (1 TASSE) DE CHOU ROUGE
TRANCHÉ TRÈS FINEMENT

— KETCHUP

— SEL ET POIVRE DU MOULIN

PRÉPARATION

MAYONNAISE AU CHIPOTLE

1- Dans un bol, mettre tous les ingrédients, puis saler au goût. Bien mélanger et réserver au frigo.

BURGERS

1- Dans un grand bol, mélanger le porc, le chorizo, l'échalote, la sauge, l'ail et le persil, puis saler et poivrer. Former 6 boulettes et réserver au frigo.

2- Préchauffer le barbecue à puissance élevée (ou une poêle en fonte striée à feu moyen), puis réduire à puissance moyenne. Huiler la grille.

3- Faire griller les boulettes de 3 à 4 minutes de chaque côté (ou jusqu'à la cuisson désirée). Ajouter le fromage sur la boulette pendant la dernière minute de cuisson pour le faire fondre un peu.

4- Entre-temps, beurrer légèrement les pains et les faire griller quelques minutes sur le barbecue. Retirer du feu.

5- Étendre environ 1 c. à soupe de mayonnaise au chipotle dans le pain du bas et ajouter environ 2 feuilles de salade. Déposer une boulette sur la salade, suivie d'une tranche de tomate et d'une poignée de chou rouge. Ajouter un trait de ketchup sur le pain du dessus, puis refermer le hamburger. Piquer avec un immense bâton et dévorer comme un ogre !

± 10$ | **JMF**

Ce vin portugais est hyper abordable et très séduisant avec ses accents de framboise et d'épices douces.

± 15$ | **CABURNIO 2011**

Un vin de la Toscane aux accents de réglisse, de cuir, de cerise et de bois. Complexe et captivant, il est la preuve qu'on peut se gâter avec un burger de course.

ONGLET DE BŒUF AVEC BEURRE MAISON AU CITRON

 PRÉPARATION : 45 min
RÉFRIGÉRATION : 30 min
CUISSON : 12 min

 DIFFICULTÉ :
facile

 PORTIONS : 4

INGRÉDIENTS

BEURRE MAISON AU CITRON

— 125 ML (½ TASSE) DE BEURRE MOU

— 2 C. À SOUPE DE CORIANDRE FRAÎCHE HACHÉE FINEMENT

— 1 C. À SOUPE DE JUS DE CITRON

— 1 C. À CAFÉ DE ZESTE DE CITRON

— 1 C. À CAFÉ DE BIÈRE DON DE DIEU D'UNIBROUE (FACULTATIF)

— SEL ET POIVRE DU MOULIN

ONGLET

— 1 KG (2 LB) D'ONGLET DE BŒUF

— POIVRE AU CITRON

— SEL ET POIVRE DU MOULIN

PRÉPARATION

1- Dans un bol, bien mélanger tous les ingrédients du beurre au citron. Déposer dans le bas d'une pellicule de plastique, rouler la pellicule vers le haut en formant un cylindre avec le beurre, puis tourner les côtés pour le compacter. Déposer au frigo pour au moins 30 minutes.

2- Pendant ce temps, déposer l'onglet dans une grande assiette. Saler et poivrer généreusement la viande de tous les côtés, puis saupoudrer de poivre au citron. Réserver pendant 20 minutes sur le comptoir.

3- Chauffer le barbecue à puissance élevée (ou une poêle en fonte striée à feu moyen-élevé), puis réduire à puissance moyenne. Huiler la grille.

4- Déposer l'onglet sur la grille et cuire de 2 à 3 minutes. Donner une rotation de 45 degrés pour créer un effet de damier et poursuivre la cuisson de 2 à 3 minutes. Retourner la viande et répéter le processus. La viande sera alors saignante (poursuivre jusqu'à la cuisson désirée, si nécessaire).

5- Retirer du feu, puis déposer dans une assiette. Emballer de papier d'aluminium et laisser reposer 5 minutes. Couper en médaillons, saupoudrer de fleur de sel et garnir du beurre maison.

Accompagner ce plat de légumes grillés ou de votre salade préférée !

± 15$ | **LES COMTES DE CAHORS**
Un vin costaud du sud-ouest de la France aux parfums de cassis et de réglisse, doté d'une bonne fraîcheur.

± 20$ | **CHÂTEAU LA BRANNE MÉDOC CRU BOURGEOIS 2012**
Difficile de faire plus classique que les vins du Médoc, à Bordeaux, avec une pièce de viande grillée !

POULET BARBECUE RÔTI AU FOUR

 PRÉPARATION : 10 min
CUISSON : 1 h 15 min

 **DIFFICULTÉ :**
facile

PORTIONS : 2 à 3

Après avoir goûté à cette recette de poulet barbecue, vous ne voudrez plus jamais commander celui de votre restaurant préféré ! Il se fait rapido presto et donne assez de restes pour les lunchs du lendemain.

INGRÉDIENTS

— 1 POULET ENTIER DE 1,5 KG (3 LB) ENVIRON

— 3 C. À SOUPE DE BEURRE MOU

— 2 C. À SOUPE DE KETCHUP

— 1 C. À CAFÉ DE SRIRACHA

— 1 C. À SOUPE DE CASSONADE

— 2 C. À CAFÉ DE MOUTARDE EN POUDRE

— 1 C. À CAFÉ DE PAPRIKA

— 1 C. À CAFÉ DE POUDRE DE CHILI

— 1 C. À CAFÉ DE SEL D'AIL

— 1 C. À CAFÉ DE SEL D'OIGNON

— ½ C. À CAFÉ DE SEL DE CÉLERI

— ÉPICES BBQ ST-HUBERT POUR FRITES (AU GOÛT)

— POIVRE DU MOULIN

PRÉPARATION

1- Préchauffer le four à 190 °C (375 °F). Déposer le poulet dans une rôtissoire. Réserver.

2- Dans un bol, combiner le beurre, le ketchup et la sriracha. Étendre le mélange partout sur le poulet, en dessous et un peu dans la cavité !

3- Dans un autre bol, combiner le reste des ingrédients, sauf les épices BBQ. Saupoudrer uniformément le poulet de ce mélange d'épices, puis le saupoudrer légèrement des épices BBQ St-Hubert pour frites (au goût).

4- Cuire au four environ 1 heure 15 minutes ou jusqu'à ce que la chair ne soit plus rosée à l'intérieur (vérifiez une poitrine pour être certain). La température de la chair du poulet devrait être de 85 °C (185 °F).

± 15 $ | **CARMEN RESERVA PINOT NOIR 2015**

Un pinot souple, mais qui a du coffre. Ses accents boisés permettront de faire un bon accord avec les épices barbecue.

± 30 $ | **ROBERT MONDAVI WINERY PINOT NOIR CARNEROS NAPA VALLEY 2013**

Robert Mondavi a été un vrai pionnier du renouveau californien. Ce pinot offre des accents de cerise mûre ainsi que des notes vanillées et épicées très agréables.

Servez ce poulet avec une bonne sauce brune et des patates grelots à l'ail rôti et au thym ou des carottes au miel et au vin blanc. Vous trouverez les recettes de ces accompagnements sur mon site lecoupdegrace.ca !

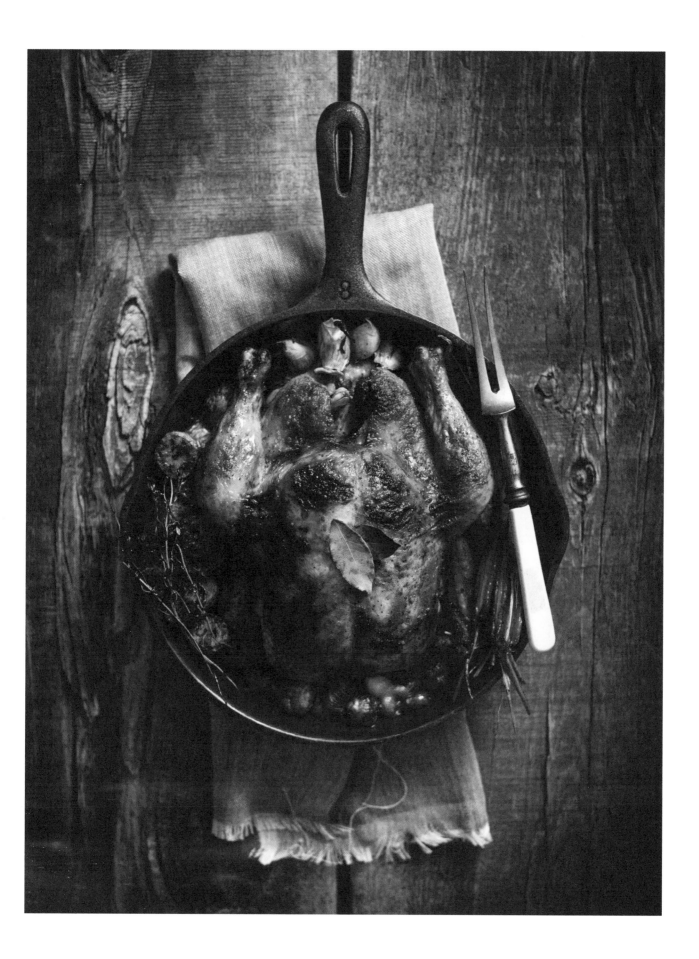

FILET DE SAUMON À LA MOUTARDE ET À L'ANETH

INGRÉDIENTS

- 125 ML (½ TASSE) DE MAYONNAISE LÉGÈRE
- 1 C. À CAFÉ D'HERBES SALÉES DU BAS-DU-FLEUVE
- 1 C. À SOUPE DE MOUTARDE DE DIJON
- 1 C. À SOUPE DE MOUTARDE À L'ANCIENNE
- 1 C. À SOUPE DE VIN BLANC
- 1 C. À SOUPE D'ANETH FRAIS HACHÉ
- 1 C. À CAFÉ D'HUILE D'OLIVE
- 4 ÉCHALOTES FRANÇAISES TRANCHÉES EN RONDELLES
- 800 G (1 ¾ LB) DE FILET DE SAUMON AVEC LA PEAU
- POIVRE DU MOULIN

PRÉPARATION : 15 min
CUISSON : 25 min

DIFFICULTÉ :
facile

PORTIONS : 4

PRÉPARATION

1- Préchauffer le four à 190 °C (375 °F). Recouvrir une grande plaque de cuisson de papier parchemin.

2- Mettre dans un bol la mayonnaise, les herbes salées, les deux moutardes, le vin, l'aneth et l'huile, puis bien mélanger. Poivrer au goût.

3- Répartir les échalotes françaises sur la plaque de cuisson. Déposer le filet de saumon sur les échalotes, la peau vers le bas, et bien le badigeonner du mélange de moutarde.

4- Cuire au four de 20 à 25 minutes ou jusqu'à ce que le poisson soit bien cuit et que la chair se défasse facilement à la fourchette.

Servez ce saumon sur un riz basmati, accompagné de vos légumes préférés !

± 15 $ | **DOMAINE LAROCHE DE LA CHEVALIÈRE 3 GRAPPES BLANCHES**

Le terret pour la fraîcheur, le chardonnay pour la texture et le sauvignon pour le caractère expressif. Un mélange tout indiqué !

± 20 $ | **DOMAINE DE LÉVÊQUE, SAUVIGNON, TOURAINE**

Un sauvignon de la Loire en mode fraîcheur, aux parfums d'agrumes et aux fines notes végétales qui complémenteront l'aneth.

PAELLA MIXTA

 PRÉPARATION : 30 min
CUISSON : 40 min

 DIFFICULTÉ :
moyen

 PORTIONS : 4

INGRÉDIENTS

— 2 C. À SOUPE D'HUILE D'OLIVE

— 3 GROSSES GOUSSES D'AIL HACHÉES FINEMENT

— 1 OIGNON ROUGE HACHÉ FINEMENT

— 1 GROS POIVRON ROUGE COUPÉ EN CUBES

— 125 G (4 ½ OZ) DE CHORIZO ESPAGNOL COUPÉ
EN TRANCHES ÉPAISSES

— 150 G (5 OZ) D'OLIVES NOIRES TRANCHÉES (SI POSSIBLE LES
ESPAGNOLES D'ANDALOUSIE : LES MEILLEURES DU MONDE !)

— 3 TOMATES COUPÉES EN CUBES

— 500 ML (2 TASSES) DE RIZ ÉTUVÉ À GRAIN LONG

— ½ C. À CAFÉ DE PAPRIKA DOUX FUMÉ

— ½ C. À CAFÉ DE SAFRAN

— 60 ML (¼ TASSE) DE VIN BLANC

— 125 ML (½ TASSE) DE PETITS POIS VERTS SURGELÉS

— 1 LITRE (4 TASSES) DE BOUILLON DE POULET

— 20 GROSSES CREVETTES CRUES (GROSSEUR 21-30)
DÉCORTIQUÉES, DÉVEINÉES, LA QUEUE ENLEVÉE

— 250 G (½ LB) DE TILAPIA HACHÉ GROSSIÈREMENT

— UNE GROSSE POIGNÉE DE PERSIL PLAT HACHÉ
GROSSIÈREMENT

— 20 MOULES LAVÉES ET PARÉES

— QUARTIERS DE CITRON

— SEL ET POIVRE DU MOULIN

PRÉPARATION

1- Dans une grande poêle profonde, ou une poêle à paella, chauffée à feu moyen, verser un bon filet d'huile d'olive et cuire l'ail et l'oignon 5 minutes en remuant souvent.

2- Ajouter le poivron, le chorizo, les olives et les tomates, et poursuivre la cuisson 5 minutes en remuant régulièrement. Saler et poivrer.

3- Monter le feu au maximum et ajouter le riz, le paprika, le safran, le vin, les petits pois et le bouillon de poulet (il doit y avoir assez de liquide pour couvrir les ingrédients). Mélanger et porter à ébullition. À partir d'ici, on ne mélange plus la paella ! Réduire à feu moyen-doux et poursuivre la cuisson 10 minutes. Donner une rotation de 90° à la poêle de temps en temps, question d'obtenir une cuisson égale !

4- Placer les crevettes et le poisson sur le riz et répartir la moitié du persil. Cuire 10 minutes.

5- Enfoncer les moules un peu partout dans le riz et cuire encore 5 minutes pour les faire ouvrir. Servir dans des assiettes, garnir de persil frais et accompagner de quartiers de citron !

± 15 $ | MARQUÉS DE CACERES
Un rosé espagnol qui a du coffre, loin des rosés de Provence qui appellent la piscine ! Génial avec cette paella au poisson, aux fruits de mer et au chorizo…

± 20 $ | DOMAINE DU VIEIL AVEN TAVEL 2015
L'appellation Tavel est un cru des Côtes du Rhône qui se destine entièrement à la production de vins rosés de caractère ! Parfait avec les accents safranés de ce plat.

Gâtez-vous et allez acheter une poêle à paella ! J'ai payé la mienne 15 $ dans un magasin d'articles de cuisine. Quand je l'utilise, je remarque une grande différence dans le résultat final. S'il vous reste de la paella, lancez-la dans des poivrons vidés et grillez-les au four le lendemain !

CALZONE DE FOU
AVEC RICOTTA, ÉPINARDS
ET CŒURS D'ARTICHAUT

PRÉPARATION	CUISSON	DIFFICULTÉ	PORTIONS
50 min	25 min	moyen	2 à 4

INGRÉDIENTS

- FARINE TOUT USAGE (POUR LA SURFACE DE TRAVAIL)
- 1 BOULE (450 G / 1 LB) DE PÂTE À PIZZA MAISON (VOIR RECETTE SUR LECOUPDEGRACE.CA) OU DU COMMERCE, SÉPARÉE EN DEUX
- 250 ML (1 TASSE) DE SAUCE À PIZZA MAISON (VOIR RECETTE SUR LECOUPDEGRACE.CA) OU DU COMMERCE
- 130 G (½ TASSE) DE FROMAGE RICOTTA LÉGER
- 250 ML (1 TASSE) DE BÉBÉS ÉPINARDS LÉGÈREMENT COMPACTÉS
- 125 ML (½ TASSE) DE PERSIL FRAIS HACHÉ
- 60 ML (¼ TASSE) D'OLIVES NOIRES (OU VERTES) TRANCHÉES
- 1 BOÎTE DE 398 ML (14 OZ) DE CŒURS D'ARTICHAUT DANS L'EAU, ÉGOUTTÉS ET COUPÉS EN QUARTIERS
- 6 CHAMPIGNONS BLANCS TRANCHÉS
- POIVRE DU MOULIN
- ÉPICES ITALIENNES
- SEL D'AIL
- 260 G (2 TASSES) DE FROMAGE MOZZARELLA RÂPÉ
- HUILE D'OLIVE
- 2 C. À CAFÉ DE PARMESAN RÂPÉ FINEMENT
- PERSIL SÉCHÉ

PRÉPARATION

1- Préchauffer le four à 220 °C (425 °F). Recouvrir une plaque de cuisson de papier parchemin.

2- Sur un plan de travail légèrement fariné, abaisser les moitiés de pâte à pizza de manière à former deux cercles d'environ 25 cm (10 po) de diamètre. Les déposer sur la plaque de cuisson.

3- Étendre environ 2 c. à soupe de sauce sur chacune des pâtes. Au centre, dans la partie du bas, répartir le fromage ricotta, les épinards, le persil frais, les olives, les cœurs d'artichaut et les champignons. Poivrer et saupoudrer des épices italiennes et du sel d'ail, au goût. Enterrer de fromage mozzarella et replier la partie du haut par-dessus les ingrédients. Replier le pourtour de la pâte du dessous sur celle du dessus, de façon à former un bourrelet. Bien appuyer pour sceller.

4- Badigeonner légèrement le dessus du calzone d'huile d'olive et saupoudrer d'un peu de parmesan et de persil séché, au goût.

5- Déposer au four et cuire de 20 à 25 minutes ou jusqu'à ce que la croûte soit bien dorée.

± 10 $ | **PRIMELLI TSOAVE**

Blanc ou rouge ? Avec ricotta, épinards et artichauts... Un blanc délicat aux parfums de melon et de fleurs peut très bien se tirer d'affaire !

± 20 $ | **MAISON LOUIS JADOT BROUILLY SOUS LES BALLOQUETS**

En rouge, ce vin léger aux notes de framboise mûre, de poivre et de pivoine, servi légèrement frais, sera également délicieux !

Habituellement, je fais cuire mes pizzas sur une grille de cuisson à 260 °C (500 °F). Par contre, je préfère faire cuire les calzones sur une plaque, car le contenu peut couler. Aussi, je règle la température du four à 220 °C (425 °F) pour donner le temps à la garniture de bien cuire ! Servez ce calzone avec une salade et de la sauce à pizza en extra !

CARI DE POULET

 PRÉPARATION: 25 min
CUISSON: 40 min

 DIFFICULTÉ:
facile

 PORTIONS: 4

INGRÉDIENTS

— HUILE D'OLIVE

— 1 KG (2 LB) DE HAUTS DE CUISSES DE POULET DÉSOSSÉES ET SANS PEAU

— 1 OIGNON ESPAGNOL HACHÉ FINEMENT

— 4 GOUSSES D'AIL HACHÉES FINEMENT

— 4 CAROTTES PELÉES, COUPÉES EN RONDELLES ÉPAISSES

— ½ C. À CAFÉ DE PERSIL SÉCHÉ

— 1 BOÎTE DE 400 ML (14 OZ) DE LAIT DE COCO LÉGER

— 1 BOÎTE DE 540 ML (19 OZ) DE TOMATES EN DÉS

— 125 ML (½ TASSE) DE CORIANDRE FRAÎCHE HACHÉE, + UN PEU POUR LA GARNITURE

— 125 ML (½ TASSE) DE BOUILLON DE POULET

— 1 ½ C. À SOUPE DE CARI EN POUDRE

— 1 C. À SOUPE DE GINGEMBRE FRAIS RÂPÉ

— ½ C. À CAFÉ DE PAPRIKA MOULU

— 200 G (7 OZ) DE POIS SUCRÉS PARÉS

— SEL ET POIVRE DU MOULIN

PRÉPARATION

1- Dans une grande casserole chauffée à feu moyen, verser un filet d'huile d'olive et dorer le poulet de 6 à 7 minutes. Saler et poivrer. Réserver le poulet dans une assiette.

2- Dans la même casserole, toujours à feu moyen, mettre l'oignon, l'ail, les carottes, le persil séché et ajouter un mince filet d'huile d'olive. Faire dorer en remuant régulièrement de 4 à 5 minutes.

3- Remettre le poulet dans la casserole. Ajouter le reste des ingrédients, à l'exception des pois sucrés. Saler, poivrer et bien mélanger. Amener à ébullition, réduire le feu et laisser mijoter 20 minutes à gros bouillons. Remuer régulièrement.

4- Ajouter les pois sucrés et poursuivre la cuisson 5 minutes. Servir ce cari de feu sur un riz basmati, accompagné de pain naan et garni de coriandre fraîche !

± 15 $ | **ALAMOS CHARDONNAY 2014**
Les blancs conçus à base de chardonnay, présentant des accents boisés épicés et une texture enrobée, forment de beaux accords avec ce genre de plat en sauce au cari.

± 20 $ | **LÉON BEYER PINOT GRIS 2014**
Un pinot gris sec aux accents miellés, comme cet excellent vin d'Alsace, peut se charger avec brio de l'accord avec un plat aux parfums exotiques.

CÔTELETTES D'AGNEAU STYLE MERGUEZ

 PRÉPARATION : 15 min
RÉFRIGÉRATION : 1 h
CUISSON : 10 min

 DIFFICULTÉ :
facile

 PORTIONS : 4

INGRÉDIENTS

- 330 ML (1 ⅓ TASSE) DE YOGOURT GREC NATURE
- LE JUS DE ½ LIME
- 125 ML (½ TASSE) DE PERSIL FRAIS HACHÉ FINEMENT
- 125 ML (½ TASSE) DE MENTHE FRAÎCHE HACHÉE FINEMENT
- 80 ML (⅓ TASSE) ENVIRON D'HUILE D'OLIVE
- 2 C. À CAFÉ DE GRAINES DE CUMIN
- 2 C. À CAFÉ DE GRAINES DE CORIANDRE
- 2 C. À CAFÉ DE GRAINES DE FENOUIL
- 2 C. À CAFÉ DE GRAINS DE POIVRE NOIR
- 3 C. À CAFÉ DE PAPRIKA DOUX FUMÉ
- 2 C. À CAFÉ DE SEL DE MER
- 1 PETIT BÂTON DE CANNELLE BRISÉ EN MORCEAUX
- UNE PINCÉE DE FLOCONS DE PIMENT DE CAYENNE
- 4 GOUSSES D'AIL HACHÉES FINEMENT
- 3 C. À SOUPE DE ROMARIN FRAIS HACHÉ FINEMENT
- 12 CÔTELETTES D'AGNEAU DU QUÉBEC (ENVIRON 1 KG/2 LB EN TOUT)
- UNE POIGNÉE DE CORIANDRE FRAÎCHE, HACHÉE GROSSIÈREMENT

PRÉPARATION

1- Dans un bol, mettre le yogourt, le jus de lime, le persil, la menthe et 1 c. à soupe de l'huile. Bien mélanger et réserver au frigo.

2- Dans une petite poêle chauffée à feu moyen, mettre toutes les épices (sauf l'ail et le romarin) et faire griller à sec 2 minutes pour en faire ressortir les saveurs. Verser les épices grillées dans un robot culinaire et les hacher finement. Mettre dans un bol, ajouter l'ail et le romarin, puis bien mélanger.

3- Placer les côtelettes d'agneau sur une plaque de cuisson. Verser un filet d'huile d'olive sur chacune et les frotter pour bien les enrober. Saupoudrer le mélange d'épices partout sur la viande et masser pour faire pénétrer les saveurs ! Réserver au frigo pendant 1 heure.

4- Préchauffer le barbecue à puissance élevée (ou une poêle en fonte striée à feu moyen) et réduire à puissance moyenne.

5- Sortir les côtelettes d'agneau et les laisser tempérer 15 minutes. Huiler la grille du barbecue et cuire les côtelettes environ 4 minutes de chaque côté pour une viande rosée. Servir garni de coriandre fraîche et accompagner avec le yogourt aux herbes fraîches et à la lime !

± 10$ | **DE GRAS CABERNET-SAUVIGNON SYRAH VALLE DE COLCHAGUA**

Avec ce plat aux arômes du nord de l'Afrique, on sort l'artillerie lourde : un vin chilien d'une complexité impressionnante pour le prix !

± 20$ | **CLOS DE LOS SIETE 2013**

Un projet lancé par plusieurs producteurs bordelais en Argentine, d'où émergent des vins d'une profondeur et d'une race indéniables.

Il va probablement vous rester du yogourt aux herbes fraîches : servez-le avec des crudités le lendemain !

CHAMPVALLON
À LA BIÈRE MAUDITE

PRÉPARATION	CUISSON	DIFFICULTÉ	PORTIONS
1 h	1 h 50 min	moyen	4

INGRÉDIENTS

— 6 C. À SOUPE D'HUILE D'OLIVE (ENVIRON)

— 2 OIGNONS ROUGES TRANCHÉS FINEMENT

— 450 G (1 LB) D'ÉPAULE DE CERF EN CUBES

— 450 G (1 LB) D'ÉPAULE D'AGNEAU EN CUBES

— ½ C. À CAFÉ DE CUMIN MOULU

— 375 ML (1 ½ TASSE) DE BIÈRE MAUDITE D'UNIBROUE (OU AUTRE BIÈRE ROUSSE FORTE)

— BEURRE (POUR GRAISSER LE PLAT) + 2 C. À SOUPE COUPÉ EN DÉS

— 3 GROSSES PATATES RUSSET PELÉES, COUPÉES EN TRANCHES DE 4 MM (¼ PO) D'ÉPAISSEUR

— 3 GOUSSES D'AIL HACHÉES FINEMENT

— 1 C. À SOUPE DE ROMARIN FRAIS HACHÉ FINEMENT

— 250 À 500 ML (1 À 2 TASSES) DE BOUILLON DE BŒUF

— SEL ET POIVRE DU MOULIN

PRÉPARATION

1- Préchauffer le four à 200 °C (400 °F).

2- Dans une grande poêle chauffée à feu moyen-doux, verser environ 5 c. à soupe de l'huile d'olive et ajouter les oignons. Saler et poivrer, puis les laisser doucement se caraméliser de 10 à 12 minutes, en remuant fréquemment (ils ne doivent pas dorer, baissez le feu si c'est le cas). Retirer du feu et réserver.

3- Entre-temps, dans une grande poêle chauffée à feu élevé, mettre 1 c. à soupe d'huile d'olive et ajouter les cubes de cerf et d'agneau. Cuire une petite quantité à la fois, de 2 à 3 minutes de chaque côté, en ajoutant un peu d'huile au besoin. Saler et poivrer. Mettre la viande dans un bol, ajouter le cumin et bien mélanger. Réserver.

4- Remettre la poêle vide sur le feu, déglacer avec la bière et bien gratter le fond pour aller chercher toutes les saveurs! Retirer du feu et réserver.

5- Beurrer un grand plat à cuisson rond de 23 cm (9 po) de diamètre et placer la moitié des patates en rosace (en les faisant se chevaucher) pour couvrir le fond. Verser la moitié de la viande sur les patates, suivie de la moitié des oignons caramélisés. Ajouter le restant de la viande, l'ail, le romarin et le restant des oignons, puis arroser avec la bière. Couvrir du restant des patates (encore placées en rosace), et bien appuyer pour compacter le tout.

6- Verser assez de bouillon de bœuf pour que le liquide touche aux patates du haut. Saler et poivrer généreusement le dessus. Répartir les cubes de beurre sur le champvallon, couvrir le plat et le déposer sur une plaque de cuisson.

7- Cuire au four 1 heure. Retirer le couvercle et poursuivre la cuisson pendant 30 minutes pour faire dorer ces jolies patates! Laisser reposer 10 minutes avant de servir.

± 15 $ | **CASILLERO DEL DIABLO RESERVA CARMENERE**
Cépage d'origine bordelaise, le carmènère est aujourd'hui cultivé au Chili principalement. Il donne des vins costauds et expressifs.

± 20 $ | **ALAMOS SELECCION MALBEC**
Typique de la région de Cahors, le malbec est aujourd'hui devenu le cépage emblématique de l'Argentine. Un vin costaud aux parfums de cassis.

Je ne peux plus vivre sans ma mandoline depuis que je l'ai reçue en cadeau. Pour faire des tranches fines et égales, rien ne bat cet outil ninja! Par contre, elle ne pardonne pas. Sa lame ultra-coupante se fera un plaisir de manger vos gentils doigts. Je recommande fortement l'utilisation d'un gant de protection!

BAVETTE MARINÉE À LA SAUCE VERTE AVEC FROMAGE BURRATA

 PRÉPARATION : 30 min
RÉFRIGÉRATION : 3 h
CUISSON : 12 min

 DIFFICULTÉ :
moyen

PORTIONS : 4

INGRÉDIENTS

SAUCE VERTE

— 250 ML (1 TASSE) DE FEUILLES DE BASILIC LÉGÈREMENT COMPACTÉES

— 250 ML (1 TASSE) DE FEUILLES DE PERSIL ITALIEN LÉGÈREMENT COMPACTÉES

— 250 ML (1 TASSE) DE FEUILLES DE CORIANDRE LÉGÈREMENT COMPACTÉES

— 250 ML (1 TASSE) DE FEUILLES DE MENTHE LÉGÈREMENT COMPACTÉES

— 2 GOUSSES D'AIL HACHÉES GROSSIÈREMENT

— LE JUS DE 1 CITRON

— 160 ML (⅔ TASSE) D'HUILE D'OLIVE EXTRA-VIERGE

— 60 ML (¼ TASSE) DE BIÈRE BLANCHE DE CHAMBLY D'UNIBROUE (OU AUTRE BIÈRE BLANCHE)

BAVETTE MARINÉE

— 3 GROS STEAKS DE BAVETTE (1 KG/2 LB AU TOTAL), DE LA MÊME ÉPAISSEUR (SI POSSIBLE !)

— HUILE VÉGÉTALE (POUR LA GRILLE)

— 2 CITRONS COUPÉS EN DEUX

— 500 G (17 OZ) DE FROMAGE BURRATA FRAIS (OU DE MOZZARELLA DI BUFALA), À TEMPÉRATURE AMBIANTE

— FLEUR DE SEL

— SEL ET POIVRE DU MOULIN

± 20 $ | **GEORGE WYNDHAM FOUNDER'S RESERVE SHIRAZ**
Les notes de fruits noirs, d'épices et la bonne structure de ce vin permettront un super accord avec cette bavette, cuisson saignante.

± 15 $ | **SANTA CAROLINA RESERVA SYRAH**
Un syrah chilien savoureux et généreux, aux parfums de poivre, de mûre, d'eucalyptus et de réglisse.

PRÉPARATION

SAUCE VERTE

1- Dans un robot culinaire, mettre les herbes fraîches, l'ail, le jus de citron et l'huile d'olive. Saler et poivrer. Réduire en purée, à puissance maximale, pendant 1 minute. Mélanger à la cuillère et réduire de nouveau pour obtenir une belle texture. Ajouter la bière et actionner le robot quelques secondes seulement, pour mélanger. Goûter et rectifier l'assaisonnement, si nécessaire.

BAVETTE MARINÉE

1- Déposer la bavette dans un grand plat hermétique, verser la moitié de la sauce verte dessus et réserver le reste au frigo. Refermer le plat, bien mélanger et mettre au frigo pendant 3 heures. Sortir la viande et le reste de la marinade 20 minutes avant la cuisson.

2- Préchauffer le barbecue à puissance élevée.

3- Au moment du cuire la viande, réduire l'intensité du barbecue à puissance moyenne et huiler la grille. Déposer la bavette sur le feu et cuire 3 minutes en badigeonnant la viande le plus souvent possible avec la moitié de la sauce verte réservée. Donner une rotation de 45° aux steaks pour créer un effet de damier, puis poursuivre la cuisson 3 minutes. Retourner la bavette et répéter l'exercice (badigeonnez sans cesse !). À ce point, la bavette devrait être médium-saignante.

4- Au moment de retourner la bavette, ajouter les demi-citrons sur la grille, le côté coupé vers le bas, et laisser dorer durant le reste de la cuisson.

5- Déposer la bavette cuite dans une grande assiette et recouvrir de papier d'aluminium. Laisser reposer 5 minutes. Couper la bavette en diagonale, en tranches d'environ 2 cm (¾ po) d'épaisseur. Répartir dans une grande assiette de présentation, placer les citrons sur les côtés et déposer la burrata sur la viande, en plein centre. Arroser le tout de la sauce verte restante et saupoudrer de fleur de sel. Ajouter du jus de citron grillé, au goût !

INGRÉDIENTS

— 500 ML (2 TASSES) DE MÉLANGE
À PÂTE TEMPURA

— 1 LITRE (4 TASSES) D'HUILE DE CANOLA (ENVIRON)

— 500 G (1 LB) DE POITRINES DE POULET DÉSOS-
SÉES, SANS LA PEAU, COUPÉES EN GROS CUBES

— 125 ML (½ TASSE) D'EAU

— 80 ML (⅓ TASSE) DE VINAIGRE BLANC

— 190 ML (¾ TASSE) DE CASSONADE

— 2 C. À SOUPE DE VIN BLANC

— 2 C. À SOUPE DE SAUCE AUX HUÎTRES

— 2 C. À SOUPE DE SAUCE SOYA

— ½ C. À SOUPE DE SRIRACHA

— ½ C. À CAFÉ DE GINGEMBRE FRAIS RÂPÉ

— 2 C. À SOUPE D'HUILE D'ARACHIDE

— ½ C. À CAFÉ D'HUILE DE SÉSAME GRILLÉ

— ½ POIVRON ROUGE TRANCHÉ EN LANIÈRES

— ½ POIVRON VERT TRANCHÉ EN LANIÈRES

— 4 C. À CAFÉ DE FÉCULE DE MAÏS (DILUÉE DANS
60 ML / ¼ TASSE D'EAU FROIDE)

— 2 OIGNONS VERTS TRANCHÉS (GARDEZ
QUELQUES RONDELLES POUR LE SERVICE)

— RIZ CUIT (POUR LE SERVICE)

— GRAINES DE SÉSAME (POUR LE SERVICE)

INCONTOURNABLE

GÉNÉRAL TAO DE LUXE

 PRÉPARATION: 30 min
CUISSON: 45 min

 DIFFICULTÉ: difficile

 PORTIONS: 4

PRÉPARATION

1- Dans un bol, préparer le mélange à pâte tempura en suivant les instructions sur la boîte. Réserver.

2- Dans une grande casserole chauffée à feu moyen, verser assez d'huile de canola pour en avoir environ 5 cm (2 po) au fond. Chauffer l'huile à 190 °C (375 °F).

3- Tremper quelques cubes de poulet dans la pâte tempura et bien les enrober. Les déposer immédiatement dans l'huile chaude, morceau par morceau sinon ils risquent de fusionner et de former un pain de la grosseur d'un continent (si cela arrive, vous pouvez les séparer délicatement avec une pince)! Cuire ces quelques cubes de 3 à 4 minutes, en tournant le poulet jusqu'à ce qu'il soit bien doré. Plus il sera doré, plus il sera croustillant! Égoutter et déposer les morceaux sur du papier absorbant au maximum 2 minutes (si le poulet reste sur le papier absorbant trop longtemps ou que les morceaux sont empilés les uns sur les autres, la panure deviendra molle!). Réserver les morceaux cuits sur une grille, sans les empiler. Poursuivre avec le reste du poulet, en cuisant une petite quantité à la fois.

4- Entre-temps, préparer la sauce. Dans un bol, mettre l'eau, le vinaigre, la cassonade, le vin, la sauce aux huîtres, la sauce soya, la sriracha et le gingembre et bien mélanger. Réserver.

5- Dans une grande poêle ou un wok chauffé à feu moyen-élevé, verser les huiles d'arachide et de sésame. Ajouter les poivrons et cuire de 2 à 3 minutes en remuant régulièrement. Mettre dans une assiette et réserver.

6- Dans la même poêle chauffée à feu moyen (ou le wok), verser la sauce réservée et la fécule de maïs diluée et bien mélanger. Cuire quelques minutes jusqu'à ce que la sauce épaississe (ce qui devrait aller assez vite!).

7- Ajouter le poulet, les poivrons et les oignons verts dans la poêle et mélanger pour bien enrober le tout. Continuer la cuisson 2 minutes et retirer du feu. Servir sur du riz, ajouter plein de graines de sésame et garnir des oignons verts réservés!

± 10$ | **FUZION CHENIN BLANC/TORRONTES**
Étonnamment séduisant pour le prix, ce Fuzion blanc! Un assemblage de chenin et de torrontes aux accents exotiques, doté d'une pointe de sucre résiduel.

± 20$ | **PFAFF GEWURZTRAMINER CUVÉE BACCHUS**
Ça sent la rose, le litchi et les épices! Parfait pour un plat aigre-doux et relevé comme ce général Tao.

Cette recette prend du temps à faire. Soyez un ninja et coupez le poulet et les poivrons la veille, puis préparez la sauce d'avance. Bien sûr, conservez-les au frigo!

BBQ

BROCHETTES DE BŒUF ET ANANAS AVEC SAUCE BBQ

 PRÉPARATION : 1 h 15 min
RÉFRIGÉRATION : 3 h
CUISSON : 40 min

 DIFFICULTÉ : facile

 PORTIONS : 4

INGRÉDIENTS

— 750 G (1 ½ LB) DE CONTRE-FILET DE BŒUF, LE GRAS ENLEVÉ, COUPÉ EN GROS CUBES

— 6 BROCHETTES DE BOIS

— 500 ML (2 TASSES) D'ANANAS COUPÉ EN GROS CUBES

— 1 GROS OIGNON ROUGE COUPÉ EN GROS CUBES

— 1 ½ POIVRON ROUGE COUPÉ EN GROS CUBES

— 2 PETITES COURGETTES COUPÉES EN RONDELLES DE 1 CM (½ PO) D'ÉPAISSEUR

— 375 ML (1 ½ TASSE) DE SAUCE BARBECUE MAISON (VOIR RECETTE SUR LECOUPDEGRACE.CA) OU DU COMMERCE

PRÉPARATION

1- Dans un grand bol rempli d'eau, faire tremper les brochettes pendant 30 minutes.

2- Embrocher un cube de bœuf suivi d'un morceau d'ananas, d'un cube d'oignon, d'un cube de poivron et d'une rondelle de courgette. Répéter l'ordre des ingrédients pour remplir environ 6 brochettes.

3- Verser environ 250 ml (1 tasse) de sauce BBQ dans un bol et l'utiliser pour badigeonner généreusement les brochettes. Couvrir, déposer au frigo et laisser mariner pendant 3 heures.

4- Préchauffer le barbecue à puissance élevée. Huiler les grilles, réduire à puissance moyenne et cuire les brochettes de 3 à 4 minutes de chaque côté (pour une cuisson saignante). Badigeonner régulièrement du reste de la sauce pendant la cuisson.

± 15 $ | **TRAPICHE CABERNET-SAUVIGNON**

Bœuf et poivron appellent indéniablement des vins à base de cabernet-sauvignon. Le nouveau monde regorge d'excellents «cabs» à bon prix, comme cet argentin aux accents de cassis et de vanille.

± 20 $ | **CHÂTEAU GRAND JEAN RÉSERVE**

Un vin de Bordeaux qui a du coffre et qui est sous la barre des 20 $, c'est possible ? Passez celui-ci en carafe et appréciez ses accents de cerise à l'eau de vie et ses notes boisées légèrement chocolatées.

HOT CHICKEN AU CANARD CONFIT AVEC FROMAGE PERRON AU PORTO

 PRÉPARATION : 35 min
CUISSON : 30 min

 DIFFICULTÉ :
facile

 PORTIONS : 4

INGRÉDIENTS

- 500 G (1 LB) DE POITRINES DE POULET
- HUILE D'OLIVE
- ÉPICES ITALIENNES
- 2 CUISSES DE CANARD CONFITES
- 10 BRINS DE CIBOULETTE HACHÉS FINEMENT
- 500 ML (2 TASSES) DE SAUCE DEMI-GLACE MAISON (VOIR RECETTE SUR LE LECOUPDEGRACE.CA) OU DU COMMERCE
- 8 TRANCHES DE PAIN BELGE MULTIGRAINS D'ENVIRON 1 CM (⅓ PO) D'ÉPAISSEUR, GRILLÉES D'UN CÔTÉ
- 170 G (5 ½ OZ) DE FROMAGE PERRON AU PORTO RÂPÉ
- 500 ML (2 TASSES) DE PETITS POIS VERTS CUITS, CHAUDS
- SEL ET POIVRE DU MOULIN

PRÉPARATION

1- Préchauffer le four à 200 °C (400 °F). Tapisser une plaque de cuisson de papier parchemin.

2- Déposer les poitrines de poulet sur la plaque et les arroser d'un mince filet d'huile d'olive. Saupoudrer d'épices italiennes (au goût). Saler et poivrer. Glisser la plaque dans le four et cuire de 20 à 25 minutes ou jusqu'à ce que le poulet ne soit plus rosé à l'intérieur. À mi-cuisson, ajouter le canard sur la plaque avec le poulet.

3- Désosser et effilocher le poulet et le canard, puis déposer les filaments dans un grand bol, avec la ciboulette. Bien poivrer, mélanger et réserver au chaud.

4- Dans une petite casserole chauffée à feu moyen, réchauffer la sauce demi-glace. Réserver au chaud.

5- Déposer une tranche de pain grillée dans chaque assiette puis répartir le mélange de poulet et canard dessus. Enterrer de fromage et bien arroser de sauce. Déposer les tranches de pain restantes sur la sauce, couvrir de petits pois et bien arroser de sauce encore une fois !

± 15 $ | **BIG HOUSE CARDINAL ZIN**
Un vin aussi exubérant que ce hot chicken de compétition, doté de parfums de confiture, d'épices douces et de bois.

± 20 $ | **AUSTIN HOPE TROUBLEMAKER**
Un nom prédisposé pour un accord avec un hot chicken qui brasse la cage ! Cet assemblage complexe provient du sud de la Californie. Sensations fortes garanties !

Je vais vous faire un aveu… Quand j'ai envie d'un bon hot chicken, mais que je n'ai pas de sauce demi-glace maison, je m'en fais une version rapido : je combine simplement une boîte de sauce St-Hubert pour hot chicken (réduite en sodium), une enveloppe de sauce demi-glace Knorr et 310 ml (1 ¼ tasse) d'eau froide, puis je réchauffe le tout. C'est vraiment gagnant et délicieux !

MAC & CHEESE À LA BIÈRE

PRÉPARATION	CUISSON	DIFFICULTÉ	PORTIONS
30 min	45 min	moyen	4 à 6

INGRÉDIENTS

— 454 G (16 OZ) DE PETITES COQUILLES

— 1 C. À SOUPE DE BEURRE

— 2 GOUSSES D'AIL HACHÉES FINEMENT

— 2 GROSSES ÉCHALOTES FRANÇAISES HACHÉES FINEMENT

— 375 ML (1 ½ TASSE) DE BIÈRE DON DE DIEU D'UNIBROUE
(OU AUTRE BIÈRE BLONDE FORTE)

— 1 C. À SOUPE D'HERBES SALÉES DU BAS-DU-FLEUVE

— 255 G (2 TASSES) DE CHEDDAR FORT RÂPÉ

— 230 G (2 TASSES) DE FROMAGE SUISSE RÂPÉ

— 210 G (2 TASSES) DE PARMESAN FRAIS RÂPÉ

— 375 ML (1 ½ TASSE) DE LAIT TIÈDE

— 1 C. À SOUPE DE FÉCULE DE MAÏS DILUÉE DANS
60 ML (¼ TASSE) D'EAU FROIDE

— 2 C. À SOUPE DE FEUILLES DE THYM FRAIS

— 275 G (1 TASSE) DE FROMAGE MASCARPONE

— 10 TRANCHES DE PANCETTA MINCES,
CUITES AU FOUR JUSQU'À CE QU'ELLES SOIENT
CROUSTILLANTES PUIS HACHÉES

— POIVRE DU MOULIN

± 15 $ | **RH PHILLIPS CHARDONNAY**

Ce vin est un chardonnay californien typique: il ne fait pas dans la dentelle, il est riche et opulent. Un peu comme ce macaroni au fromage décadent.

± 20 $ | **UMBERTO CESARI LIANO CHARDONNAY/SAUVIGNON BLANC 2014**

Saviez-vous que le Liano existe aussi en blanc ? Il s'agit d'un assemblage de chardonnay et de sauvignon aux notes de pomme cuite, de pâtisserie et de fleurs.

PRÉPARATION

1- Préchauffer le four à 180 °C (350 °F).

2- Dans une casserole remplie d'eau bouillante salée, cuire les pâtes vraiment *al dente* (elles vont continuer à cuire avec les autres ingrédients). Rincer à l'eau froide pour arrêter la cuisson. Égoutter et réserver.

3- Dans une grande casserole chauffée à feu moyen, faire fondre le beurre. Ajouter l'ail et les échalotes et cuire 3 minutes. Ajouter la bière et les herbes salées. Mélanger, réduire le feu et laisser mijoter 10 minutes.

4- Ajouter le cheddar, la moitié du fromage suisse et la moitié du parmesan et mélanger. Augmenter à feu moyen et laisser fondre le fromage pendant environ 5 minutes en mélangeant régulièrement.

5- Ajouter les pâtes réservées, le lait et la fécule diluée, puis bien mélanger. Si le fromage n'est pas assez fondu, augmenter à feu moyen-élevé. Ajouter le thym, le mascarpone et la pancetta. Poivrer et mélanger jusqu'à consistance crémeuse !

6- Déposer la préparation dans un grand plat de cuisson de 23 x 33 cm (9 x 13 po) et bien l'étendre. Couvrir avec le reste du fromage et cuire au four 12 minutes. Mettre le four à broil et poursuivre la cuisson jusqu'à ce que la croûte soit dorée. Sortir du four et laisser refroidir 5 minutes avant de servir.

 MIJOTEUSE

JARRETS D'AGNEAU BRAISÉS AU PORTO ET À LA BIÈRE AUX CERISES

 PRÉPARATION : 25 min
CUISSON : 8 h 10 min

 DIFFICULTÉ : moyen

 PORTIONS : 4

INGRÉDIENTS

— HUILE D'OLIVE

— 4 JARRETS ARRIÈRE D'AGNEAU DU QUÉBEC D'ENVIRON 550 G (1 ¼ LB) CHACUN

— 3 GROSSES ÉCHALOTES FRANÇAISES HACHÉES FINEMENT

— 3 GOUSSES D'AIL HACHÉES FINEMENT

— 1 ANIS ÉTOILÉ

— 3 C. À SOUPE DE MIEL

— 125 ML (½ TASSE) DE BIÈRE ÉPHÉMÈRE CERISE D'UNIBROUE TIÈDE (OU AUTRE BIÈRE FRUITÉE)

— 125 ML (½ TASSE) DE PORTO

— 250 ML (1 TASSE) DE BOUILLON DE POULET

— 2 C. À SOUPE DE FÉCULE DE MAÏS

— 1 C. À SOUPE DE MOUTARDE DE DIJON

— 2 C. À SOUPE DE VINAIGRE BALSAMIQUE

— 20 PRUNEAUX SÉCHÉS HACHÉS GROSSIÈREMENT

— 5 FIGUES SÉCHÉES HACHÉES GROSSIÈREMENT

— SEL ET POIVRE DU MOULIN

PRÉPARATION

1- Dans une grande poêle chauffée à feu moyen, verser un filet d'huile. Saisir les jarrets de chaque côté pendant environ 5 minutes (en tout) de manière à obtenir une belle coloration. Saler et poivrer, puis déposer l'agneau dans la mijoteuse, les os vers le haut.

2- Dans la même poêle, ajouter les échalotes et l'ail et cuire de 2 à 3 minutes. Ajouter l'anis étoilé et le miel, puis mélanger. Cuire pendant 1 minute, puis déglacer avec la bière aux cerises. Bien gratter les sucs au fond de la poêle pour aller chercher toutes les saveurs ! Verser la préparation dans la mijoteuse. Saler et poivrer.

3- Dans un grand bol, combiner le porto, le bouillon de poulet, la fécule de maïs, la moutarde de Dijon, le vinaigre balsamique, les pruneaux et les figues. Bien mélanger et verser sur la viande dans la mijoteuse.

4- Cuire à basse température (low) pendant 8 heures. À mi-cuisson, mélanger doucement et arroser les jarrets. Servir avec la sauce contenant les figues et les pruneaux sur la viande !

± 15$ | **GEORGES VIGOUROUX PIGMENTUM MALBEC CAHORS 2014**

Provenant du sud-ouest de la France, les cahors sont des vins puissants et structurés qui appellent des plats comme le jarret d'agneau.

± 30$ | **CHÂTEAU MONTUS MADIRAN 2011**

Un vin produit par Alain Brumont, véritable icône de l'appellation Madiran, où on élabore des vins colorés, costauds et complexes. Sortez la carafe !

J'adore accompagner ce plat de luxe d'une purée de pommes de terre et de mes fameux haricots verts au vin blanc et au citron (recette p. 203) ! Vous pouvez aussi faire braiser l'agneau dans une grande cocotte (de style Creuset). Simplement faire cuire à 160 °C (325 °F) pendant environ 3 h ou jusqu'à ce que la viande se défasse facilement à la fourchette. Même principe : mélanger doucement et arroser à mi-cuisson !

POULET AU VIN BLANC, AU CITRON ET À L'ORIGAN

 PRÉPARATION : 15 min
RÉFRIGÉRATION : 3 h
CUISSON : 45 min

 DIFFICULTÉ :
facile

 PORTIONS : 4

INGRÉDIENTS

— 4 CUISSES DE POULET AVEC LA PEAU ET LES OS

— 250 ML (1 TASSE) DE VIN BLANC

— 125 ML (½ TASSE) DE FEUILLES D'ORIGAN FRAÎCHES

— 6 GOUSSES D'AIL HACHÉES FINEMENT

— 2 C. À SOUPE D'HUILE D'OLIVE

— 4 CITRONS

— 1 C. À CAFÉ D'ORIGAN SÉCHÉ (ENVIRON)

— SEL ET POIVRE DU MOULIN

PRÉPARATION

1- Placer le poulet dans un grand plat hermétique. Ajouter le vin, l'origan, l'ail, l'huile d'olive ainsi que le jus et le zeste de 1 citron. Saler, poivrer, refermer le plat et bien mélanger. Déposer au frigo pour 3 heures (brassez le plat de temps en temps !).

2- Préchauffer le four à 200°C (400°F).

3- Égoutter le poulet et le déposer sur une grande plaque de cuisson. Saler et poivrer, saupoudrer l'origan séché et le zeste de 1 citron, et placer 6 quartiers de citrons entre les morceaux.

4- Mettre la plaque au four et cuire environ 45 minutes ou jusqu'à ce que la chair du poulet ne soit plus rosée à l'intérieur et que la peau soit bien dorée à l'extérieur !

± 10 $ | **DOMAINE LA HITAIRE LES TOURS**
À ce prix, c'est le vin parfait pour cette recette : il vous accompagne pendant sa préparation et vous suit à table !

± 20 $ | **PASCAL JOLIVET ATTITUDE SAUVIGNON BLANC 2014**
Un sauvignon blanc de la Loire signé Jolivet, un nom à retenir ! Citron, lime, craie et un max de fraîcheur, voilà ce qu'on recherche.

PRÉPARATION : 40 min
CUISSON : 45 min

DIFFICULTÉ :
moyen

PORTIONS : 6

INGRÉDIENTS

— 80 ML (⅓ TASSE) DE BEURRE + 4 C. À SOUPE

— 125 ML (½ TASSE) DE FARINE TOUT USAGE

— 500 ML (2 TASSES) DE LAIT

— 500 ML (2 TASSES) DE BOUILLON DE POULET

— 160 G (1 ½ TASSE) DE FROMAGE PARMESAN
FRAIS RÂPÉ

— 13 PÂTES DE LASAGNE
(UNE DE PLUS QUE NÉCESSAIRE, AU CAS OÙ !)

— 60 ML (¼ TASSE) ENVIRON D'HUILE D'OLIVE
+ UN PEU POUR LES PÂTES

— 1 OIGNON ESPAGNOL HACHÉ FINEMENT

— 800 G (1 ¾ LB) DE VEAU HACHÉ MAIGRE

— 225 G (8 OZ) DE CHAMPIGNONS
PLEUROTES TRANCHÉS

— 225 G (8 OZ) DE CHAMPIGNONS
SHIITAKES TRANCHÉS

— 225 G (8 OZ) DE CHAMPIGNONS
CAFÉ TRANCHÉS

— 3 GOUSSES D'AIL HACHÉES FINEMENT

— 1 C. À SOUPE DE FEUILLES DE THYM FRAÎCHES

— 175 G (1 ½ TASSE) DE FROMAGE FONTINA RÂPÉ

— 190 G (1 ½ TASSE) DE CHEDDAR FORT RÂPÉ

— SEL ET POIVRE DU MOULIN

LASAGNE AU VEAU HACHÉ ET AUX CHAMPIGNONS SAUVAGES

PRÉPARATION

1- Préchauffer le four à 200 °C (400 °F).

2- Dans une casserole chauffée à feu moyen, faire fondre 80 ml (⅓ tasse) de beurre et ajouter la farine. Bien mélanger pour former un roux et cuire pendant environ 2 minutes en mélangeant sans arrêt. Ajouter le lait, une petite quantité à la fois, en fouettant constamment pour défaire les grumeaux. Verser le bouillon de poulet et continuer de fouetter jusqu'à l'obtention d'une texture lisse. Ajouter le parmesan, saler, poivrer et bien mélanger. Cuire de 4 à 5 minutes en mélangeant régulièrement, jusqu'à ce que la béchamel épaississe. Retirer du feu, goûter puis rectifier l'assaisonnement si nécessaire! Réserver.

3- Dans une grande casserole remplie d'eau bouillante salée, cuire les lasagnes jusqu'à ce qu'elles soient vraiment *al dente* (c'est-à-dire légèrement croquantes sous la dent). Rincer à l'eau froide pour arrêter la cuisson. Bien égoutter dans une passoire et arroser d'un bon filet d'huile d'olive. Mélanger délicatement avec les mains et réserver dans la passoire.

4- Dans la même casserole chauffée à feu moyen, mettre environ 3 c. à soupe d'huile d'olive et ajouter l'oignon. Cuire 3 minutes en remuant. Ajouter le veau haché, saler et poivrer. Continuer la cuisson de 6 à 8 minutes environ ou jusqu'à ce que le veau ne soit plus rosé, en défaisant la viande en petits morceaux. Égoutter le gras et réserver dans un bol.

5- Dans une casserole chauffée à feu moyen-élevé, faire fondre 4 c. à soupe de beurre et ajouter les champignons, l'ail et le thym. Saler et poivrer, puis faire sauter de 5 à 6 minutes. Retirer du feu et réserver.

6- Le temps est venu de monter la lasagne (enfin)! Dans un grand plat de cuisson de 23 x 33 x 8 cm (9 x 13 x 3 po), verser une louche de béchamel et bien l'étendre. Ajouter un rang de pâtes et répartir la moitié de la viande sur celles-ci. Ajouter un autre rang de pâtes, suivi des champignons et de la moitié de la béchamel restante. Bien étendre partout! Poursuivre avec un autre rang de pâtes, le reste de la viande et le reste de la béchamel. Terminer avec un dernier rang de pâtes, puis enterrer de fromage râpé!

7- Enfourner et cuire 12 minutes. Mettre le four à broil et continuer la cuisson quelques minutes, jusqu'à ce que le fromage soit bien doré. Retirer du four et laisser reposer 5 minutes avant de servir.

± 15 $ | **HOYA DE CADENAS TEMPRANILLO RESERVA**

Les vins espagnols portant la mention «reserva» permettent souvent de beaux accords avec des plats à base de champignons grâce à leurs accents boisés.

± 20 $ | **TEDESCHI CAPITEL SAN ROCCO RIPASSO VALPOLICELLA SUPERIORE 2014**

Un vin vénitien aux accents boisés et épicés qui seront un complément agréable au parfum des champignons sauvages.

KEFTAS D'AGNEAU

PRÉPARATION	CUISSON	DIFFICULTÉ	PORTIONS
30 min	30 min	facile	4

INGRÉDIENTS

KEFTAS

— 8 BROCHETTES DE BOIS

— 680 G (1 ½ LB) D'AGNEAU HACHÉ MI-MAIGRE

— 160 G (1 TASSE) DE FÉTA HACHÉ GROSSIÈREMENT

— 250 ML (1 TASSE) DE CORIANDRE FRAÎCHE HACHÉE

— 1 C. À SOUPE DE SIROP D'ÉRABLE

— ½ PETIT OIGNON ESPAGNOL HACHÉ FINEMENT

— 3 GOUSSES D'AIL HACHÉES FINEMENT

— ½ C. À CAFÉ DE CUMIN MOULU

— 1 C. À CAFÉ DE CORIANDRE MOULUE

— SEL ET POIVRE DU MOULIN

YOGOURT À LA MENTHE

— 375 ML (1 ½ TASSE) DE YOGOURT GREC NATURE 0 %

— LE JUS DE ½ LIME

— UNE POIGNÉE DE FEUILLES DE MENTHE FRAÎCHE HACHÉES (ENVIRON 20 GROSSES FEUILLES)

— SEL ET POIVRE DU MOULIN

PRÉPARATION

KEFTAS

1- Dans un bol rempli d'eau, faire tremper les brochettes de bois.

2- Dans un autre grand bol, mettre tous les ingrédients des keftas. Saler, poivrer et bien mélanger avec les mains. Couvrir et lancer au frigo pour 30 minutes.

3- Avec les mains, façonner la viande en 8 cigares allongés, puis les piquer au centre avec les brochettes de bois.

4- Préchauffer le barbecue à puissance élevée (ou une poêle en fonte striée à feu moyen) et réduire à puissance moyenne. Huiler la grille.

5- Déposer les keftas sur la grille et cuire de 3 à 4 minutes de chaque côté, jusqu'à ce que la viande soit bien grillée. Servir avec le yogourt à la menthe réservé.

YOGOURT À LA MENTHE

1- Dans un petit bol, mettre tous les ingrédients du yogourt. Saler, poivrer et bien mélanger. Réserver au frigo !

± 15 $ | **OGIER HÉRITAGES**

Avec l'agneau, on opte pour des rouges corsés et épicés, comme ce Côtes du Rhône qui sent bon la framboise et le poivre noir…

± 20 $ | **INTRIGA CABERNET-SAUVIGNON 2012**

Un cabernet chilien musclé, profond et d'une complexité fort intéressante pour le prix. On passe en carafe avant le service !

Si vous utilisez le barbecue, je vous suggère d'avoir un vaporisateur d'eau pas trop loin pour éteindre le feu sous les grilles, causé par le gras qui s'écoule de la viande. Vous faites cuire les keftas dans une poêle en fonte striée ? Égoutter le gras régulièrement ! On peut aussi cuire les keftas sur une plaque de cuisson placée au four à 180 °C (350 °F), de 15 à 20 minutes.

INGRÉDIENTS

—

— 125 ML (½ TASSE) DE SIROP D'ÉRABLE

— 1 C. À SOUPE DE VINAIGRE BALSAMIQUE

— 1 C. À SOUPE DE SAUCE SOYA

— 3 C. À SOUPE D'HUILE D'OLIVE (ENVIRON)

— ½ C. À CAFÉ D'HUILE DE SÉSAME GRILLÉ

— ¾ C. À CAFÉ D'HERBES DE PROVENCE

— 1 FILET DE PORC D'ENVIRON 600 G (1 ⅓ LB)

— ½ OIGNON ROUGE HACHÉ FINEMENT

— 2 GOUSSES D'AIL HACHÉES FINEMENT

— 190 ML (¾ TASSE) DE PETITS POIS
VERTS CONGELÉS

— 190 ML (¾ TASSE) DE MAÏS CONGELÉ

— 500 ML (2 TASSES) DE COUSCOUS ISRAÉLIEN

— 1 LITRE (4 TASSES) DE BOUILLON DE POULET

— 250 ML (1 TASSE) DE CHAIR DE COURGE
SPAGHETTI CUITE ET EFFILOCHÉE

— SEL ET POIVRE DU MOULIN

MÉDAILLONS DE PORC À L'ÉRABLE AVEC COUSCOUS ISRAÉLIEN

 PRÉPARATION: 30 min
RÉFRIGÉRATION: 24 h
CUISSON: 50 min

 DIFFICULTÉ:
moyen

 PORTIONS: 4 à 6

PRÉPARATION

1- Dans un bol, mettre le sirop d'érable, le vinaigre, la sauce soya, 1 c. à soupe de l'huile d'olive, l'huile de sésame grillé et ½ c. à café des herbes de Provence. Bien mélanger à l'aide d'un fouet.

2- Déposer le filet de porc dans un grand plat hermétique et verser la marinade dessus. Refermer le plat, bien secouer pour enrober la viande et réserver au frigo 24 heures (secouez de temps en temps).

3- Préchauffer le four à 200 °C (400 °F). Tapisser une plaque de cuisson de papier parchemin.

4- Dans une grande poêle chauffée à feu moyen, verser un mince filet d'huile d'olive. Égoutter le porc et le faire caraméliser de tous les côtés de 1 à 2 minutes (attention, car le sucre présent dans la marinade brûlera rapidement).

5- Déposer le filet de porc sur la plaque de cuisson préparée. Cuire au four de 15 à 20 minutes ou jusqu'à ce que la température interne du porc soit de 60 °C (140 °F). Déposer la viande dans une assiette et la recouvrir de papier d'aluminium jusqu'au service. (N'oubliez pas que le filet continuera à cuire durant le temps de repos. Au moment de le servir, il sera parfaitement rosé à 90 °C/160 °F.)

6- Pendant ce temps, préparer le couscous. Dans une casserole chauffée à feu moyen, mettre 2 c. à soupe de l'huile d'olive et ajouter l'oignon rouge et l'ail. Faire revenir de 3 à 4 minutes en remuant régulièrement. Ajouter les petits pois verts, le maïs et le reste des herbes de Provence. Saler et poivrer, puis bien mélanger. Poursuivre la cuisson 2 minutes. Ajouter le couscous, bien mélanger et cuire 1 minute. Verser le bouillon de poulet et porter à ébullition. Baisser le feu, couvrir et laisser mijoter de 10 à 12 minutes ou jusqu'à ce que le liquide soit évaporé et que le couscous soit *al dente*. Verser dans une passoire pour égoutter l'eau (s'il en reste). Rincer légèrement à l'eau tiède pour enlever l'excès d'amidon et bien égoutter. Remettre dans la casserole, ajouter la courge et mélanger délicatement. Retirer du feu et réserver sans couvercle.

7- Couper les filets de porc en médaillons d'environ 2 cm (¾ po) d'épaisseur. Répartir le couscous dans les assiettes, puis déposer quelques tranches de porc sur le dessus!

± 10 $ | **HERDADE DAS ALBERNOAS**
Pour le prix, difficile de faire mieux que ce vin du sud portugais. Avec ses fruits rouges et ses épices, c'est une réelle gourmandise!

± 20 $ | **CONTE DI LUCCA VALPOLICELLA 2014**
Produits dans le nord-est de l'Italie, les vins de l'appellation Valpolicella sont gorgés de fruits, séduisants et polyvalents.

Cette recette sera facile à faire si vous planifiez bien vos étapes. La veille, faites cuire la courge, effilochez-la à l'aide d'une fourchette et réservez-la au frigo. Préparez aussi la marinade et mettez votre filet de porc à mariner (étapes 1 et 2). Le lendemain, vous n'aurez qu'à faire cuire votre viande et votre couscous, et à vous arranger pour que les deux soient prêts en même temps!

SPAGHETTINIS AUX ARTICHAUTS ET AUX TOMATES CERISES

 PRÉPARATION: 35 min
CUISSON: 25 min

 DIFFICULTÉ: facile

 PORTIONS: 4

INGRÉDIENTS

— 500 G (18 OZ) DE SPAGHETTINIS

— HUILE D'OLIVE

— 125 ML (½ TASSE) DE NOIX DE PIN

— 3 GOUSSES D'AIL HACHÉES FINEMENT

— 2 POIVRONS ORANGE COUPÉS EN CUBES

— 2 BOÎTES DE 398 ML (14 OZ) DE CŒURS D'ARTICHAUT DANS L'EAU, BIEN ÉGOUTTÉS ET COUPÉS EN QUARTIERS

— 1 C. À SOUPE DE VIN BLANC

— 125 ML (½ TASSE) DE PERSIL FRAIS HACHÉ FINEMENT

— LE ZESTE DE ½ CITRON

— 210 G (2 TASSES) DE FROMAGE PECORINO ROMANO RÂPÉ (ENVIRON)

— 1 CASSEAU DE 250 G (9 OZ) DE TOMATES RAISINS COUPÉES EN DEUX

— UNE POIGNÉE DE ROQUETTE FRAÎCHE

PRÉPARATION

1- Dans une grande casserole d'eau bouillante salée, ajouter les pâtes et les cuire *al dente* en suivant les instructions sur la boîte. Égoutter dans une passoire et arroser d'un filet d'huile d'olive. Bien mélanger et réserver.

2- Dans une grande poêle chauffée à feu moyen, faire griller les noix de pin à sec de 1 à 2 minutes ou jusqu'à ce qu'elles commencent à dorer, en remuant régulièrement. Mettre dans un bol et réserver.

3- Dans la même poêle, toujours à feu moyen, ajouter 2 c. à café d'huile d'olive et faire revenir l'ail 1 minute. Ajouter les poivrons et les cœurs d'artichaut, puis faire cuire de 4 à 5 minutes. Saler et poivrer.

4- Verser le vin blanc et mélanger. Ajouter le persil et le zeste de citron, et poursuivre la cuisson 1 minute.

5- Dans la casserole utilisée pour les pâtes chauffée à feu moyen, verser la moitié des pâtes réservées, puis la moitié du mélange de poivron et la moitié du fromage pecorino. Bien mélanger. Poursuivre en ajoutant le reste des pâtes et du mélange de poivron, et les noix de pin. Bien mélanger de nouveau.

6- Retirer du feu, ajouter les tomates et mélanger délicatement. Répartir dans de grands bols, déposer une poignée de roquette fraîche sur le dessus et garnir du reste de fromage!

± 15$ | **BORSAO ROSADO SELECCION**
Un rosé de la très bonne maison Borsao, à déguster à l'année pour accompagner cette recette de pâtes en mode fraîcheur!

± 20$ | **HENRI BOURGEOIS LES BARONNES**
Un sancerre aux parfums d'agrumes et aux notes végétales subtiles qui iront chercher la tomate, la roquette et les poivrons!

MIJOTÉ DE LAPIN AUX PRUNES

 PRÉPARATION: 40 min
CUISSON: 1 h 20 min

 DIFFICULTÉ: moyen

 PORTIONS: 4

INGRÉDIENTS

— 8 GROSSES PRUNES NOIRES COUPÉES EN 6 QUARTIERS

— 2 C. À SOUPE DE CASSONADE

— 1 C. À SOUPE DE MIEL

— 60 ML (¼ TASSE) DE RHUM BRUN

— HUILE D'OLIVE

— 1 LAPIN D'ENVIRON 1,4 KG (3 LB) COUPÉ EN 6 MORCEAUX

— 2 ÉCHALOTES FRANÇAISES HACHÉES FINEMENT

— 3 GOUSSES D'AIL HACHÉES FINEMENT

— 5 TRANCHES DE BACON COUPÉES EN GROS MORCEAUX

— 2 GROSSES CAROTTES TRANCHÉES

— 2 BRANCHES DE CÉLERI TRANCHÉES

— 250 ML (1 TASSE) DE VIN BLANC

— 1 C. À SOUPE DE MOUTARDE DE DIJON

— 500 À 750 ML (2 À 3 TASSES) DE BOUILLON DE POULET

— 1 FEUILLE DE LAURIER

— 5 BRANCHES DE THYM FRAIS

— SEL ET POIVRE DU MOULIN

PRÉPARATION

1- Dans une casserole chauffée à feu moyen, mettre les prunes, la cassonade, le miel et le rhum. Mélanger et cuire 3 minutes. Retirer du feu et réserver.

2- Dans une grande casserole chauffée à feu moyen, verser un filet d'huile. Dorer les morceaux de lapin de 3 à 4 minutes chaque côté, une petite quantité à la fois. Saler et poivrer généreusement. Réserver la viande dans une assiette.

3- Dans la casserole, ajouter les échalotes, l'ail et le bacon. Faire revenir de 4 à 5 minutes en remuant régulièrement. Ajouter les carottes et le céleri. Poursuivre la cuisson de 4 à 5 minutes pour les attendrir. Saler et poivrer.

4- Déglacer avec le vin blanc et bien gratter le fond de la casserole pour aller chercher toutes les saveurs! Ajouter la préparation de prunes et la moutarde, saler, poivrer et bien mélanger.

5- Remettre le lapin dans la casserole et l'enfoncer légèrement. Verser assez de bouillon de poulet pour que la viande soit recouverte aux ¾. Ajouter la feuille de laurier et les branches de thym, puis amener à ébullition. Réduire à feu doux et couvrir. Laisser mijoter 45 minutes en arrosant de temps en temps. Retirer le couvercle et laisser mijoter pendant encore 15 minutes.

± 15$ | **CASTILLO DE ALMANSA VALCANTO MONASTRELL**

Connaissez-vous le monastrell? Ce cépage est mieux connu en France sous le nom de mourvèdre. Il donne des vins colorés et costauds aux parfums d'anis et de cassis.

± 20$ | **TAURINO RISERVA SALICE SALENTINO 2009**

Un vin de la région des Pouilles, dans le sud de l'Italie, légèrement évolué, qui sent bon les fruits séchés, le bois et les épices douces. Un brin rustique, mais d'une authenticité et d'une complexité remarquables!

PRÉPARATION : 45 min
RÉFRIGÉRATION : 3 h
CUISSON : 25 min

DIFFICULTÉ :
moyen

PORTIONS : 4

INGRÉDIENTS

— 600 G (1 ⅓ LB) DE CONTRE-FILETS DE BŒUF

MARINADE

— 1 C. À CAFÉ D'HUILE DE SÉSAME GRILLÉ

— 80 ML (⅓ TASSE) D'HUILE D'OLIVE

— 4 C. À SOUPE DE SAUCE DE POISSON
(STYLE NUOC-MÂM)

— 6 C. À SOUPE DE SAUCE SOYA

— 125 ML (½ TASSE) DE CORIANDRE
FRAÎCHE HACHÉE

— 1 OIGNON VERT TRANCHÉ FINEMENT

— 1 ½ C. À CAFÉ DE SRIRACHA

SALADE

— 500 G (17 OZ) DE NOUILLES ASIATIQUES AUX
ŒUFS (STYLE YET CAH MEIN)

— HUILE D'OLIVE

— 60 ML (¼ TASSE) DE SAUCE DE POISSON
(STYLE NUOC-MÂM)

— 3 GOUSSES D'AIL HACHÉES FINEMENT

— 2 C. À CAFÉ DE GINGEMBRE FRAIS
RÂPÉ FINEMENT

— 1 ½ POIVRON ROUGE TRANCHÉ FINEMENT

— 3 CAROTTES COUPÉES EN JULIENNE

— 1 BARQUETTE DE 227 G (8 OZ) DE
CHAMPIGNONS BLANCS, TRANCHÉS

— ⅓ D'OIGNON ROUGE TRANCHÉ FINEMENT

— 50 G (1/2 TASSE) DE CHOU ROUGE
TRANCHÉ FINEMENT

— 200 G (2 TASSES) DE FÈVES GERMÉES

— 3 RADIS TRANCHÉS ULTRA FINEMENT
À LA MANDOLINE

— SAUCE TAMARI

— SEL ET POIVRE DU MOULIN

SALADE DE NOUILLES ASIATIQUE AVEC STEAK GRILLÉ

PRÉPARATION

MARINADE

1- Dans un bol, mettre tous les ingrédients de la marinade et bien mélanger.

2- Placer le bœuf dans un grand plat hermétique et verser la moitié de la marinade dessus. Refermer le plat et brasser énergiquement ! Réfrigérer pendant 3 heures (brassez le plat de temps en temps).

SALADE

1- Dans une grande casserole d'eau salée bouillante, cuire les nouilles selon les instructions sur la boîte. Bien égoutter dans une passoire et mettre dans un bol. Ajouter un bon filet d'huile d'olive ainsi que la sauce de poisson et bien mélanger pour enrober les nouilles. Réserver.

2- Dans une grande poêle ou un wok chauffé à feu moyen, verser environ 2 c. à café d'huile d'olive, puis ajouter l'ail et le gingembre. Cuire 2 minutes en remuant régulièrement. Ajouter le poivron, les carottes, les champignons, l'oignon, le reste de la marinade et bien mélanger. Saler et poivrer. Faire sauter de 3 à 4 minutes pour que les carottes soient cuites, mais encore croquantes. Réserver.

3- Préchauffer le barbecue à puissance élevée (ou une poêle en fonte striée à feu moyen), réduire à puissance moyenne et huiler la grille. Déposer les steaks sur le feu, laisser cuire 2 minutes, puis donner une rotation de 45° à la viande afin de la quadriller. Poursuivre la cuisson 2 minutes et retourner la viande. Répéter l'opération (ce qui devrait vous donner une cuisson saignante). Retirer les steaks du feu, déposer dans une assiette et les recouvrir de papier d'aluminium. Laisser reposer 5 minutes, puis couper en minces tranches. Réserver.

4- Répartir les nouilles dans 4 grands bols et déposer les légumes sautés dessus. Ajouter une petite poignée de chou rouge et de fèves germées, et déposer quelques tranches de viande dans chaque bol. Garnir de radis et de coriandre, puis servir avec du nuoc-mâm et de la sauce tamari.

± 15 $ | **CHÂTEAU DE GOURGAZAUD**

Un assemblage de syrah, de mourvèdre et de carignan typique du sud de la France. Ça sent bon : poivre, violette, mûre... Le tout porté par une bouche aux tannins enrobés.

± 20 $ | **COSTE DELLE PLAIE 2012**

Un vin produit par l'ancien coureur automobile Jarno Trulli, dans les Abruzzes. Ici aussi, on aime l'odeur de la mûre et des épices !

MOULES AU FROMAGE DE CHÈVRE ET À LA BIÈRE BLONDE DE CHAMBLY

 PRÉPARATION: 30 min
CUISSON: 25 min

 DIFFICULTÉ: moyen

 PORTIONS: 4

INGRÉDIENTS

— 2 KG (4 LB) DE MOULES (IDÉALEMENT DE L'ÎLE-DU-PRINCE-ÉDOUARD)

— 3 C. À SOUPE DE BEURRE

— 625 ML (2 ½ TASSES) DE POIREAUX TRANCHÉS

— 4 GOUSSES D'AIL HACHÉES FINEMENT

— 125 ML (½ TASSE) DE VIN BLANC

— 1 C. À CAFÉ D'HERBES SALÉES DU BAS-DU-FLEUVE

— 250 ML (1 TASSE) DE BIÈRE BLONDE DE CHAMBLY D'UNIBROUE (OU AUTRE BIÈRE BLONDE)

— 250 ML (1 TASSE) DE BOUILLON DE POULET

— 1 CONTENANT DE 237 ML (ENVIRON 1 TASSE) DE CRÈME CHAMPÊTRE 15 %

— 500 G (17 OZ) DE FROMAGE LA MASCOTTE AU LAIT DE CHÈVRE, LA CROÛTE ENLEVÉE, COUPÉ EN CUBES (OU AUTRE FROMAGE DE CHÈVRE À PÂTE DURE)

— UNE BONNE POIGNÉE DE PERSIL FRAIS HACHÉ

— 2 C. À SOUPE DE FÉCULE DE MAÏS DILUÉE DANS 60 ML (¼ TASSE) D'EAU FROIDE

— SEL ET POIVRE DU MOULIN

— 1 BAGUETTE DE PAIN (POUR LE SERVICE)

PRÉPARATION

1- Bien nettoyer les moules à l'eau froide avec une brosse et retirer les moustaches (filaments). Jeter les moules ouvertes ou brisées. Réserver les autres.

2- Dans une grande casserole chauffée à feu moyen, faire fondre le beurre et cuire les poireaux et l'ail 5 minutes. Bien poivrer. Verser le vin blanc et poursuivre la cuisson 2 minutes. Ajouter les herbes salées, la bière, le bouillon de poulet, la crème, le fromage, la moitié du persil et la fécule diluée, puis bien mélanger. Laisser mijoter de 7 à 8 minutes ou jusqu'à ce que le fromage soit fondu. Mélanger fréquemment.

3- Ajouter les moules et mélanger délicatement. Couvrir et cuire de 5 à 7 minutes ou jusqu'à ce qu'elles soient toutes ouvertes. Mélanger de temps en temps !

4- Répartir les moules dans de grands bols et verser plein de bouillon dessus. Garnir de persil frais et servir avec une bonne baguette de pain !

± 15$ | **CARMEN GRAN RESERVA FUMÉ BLANC**
Un sauvignon chilien aux accents de pamplemousse et aux notes herbacées qui iront de pair avec le fromage de chèvre.

± 20$ | **COTEAU ROUGEMONT VIDAL RÉSERVE 2014**
Quel magnifique vin blanc du Québec, avec ses parfums de pâte d'amande et de pêche ! Les autres vins de Coteau Rougemont sont également superbes.

J'avais en tête d'utiliser un autre fromage, mais il n'y en avait plus à l'épicerie. J'ai essayé ce fromage par hasard sans savoir qu'il était à base de lait de chèvre : quelle découverte de feu ! Merci la vie !

 INCONTOURNABLE

PAD THAÏ AUTHENTIQUE AU POULET ET AUX CREVETTES

 PRÉPARATION: 40 min
CUISSON: 20 min

DIFFICULTÉ: moyen

 PORTIONS: 4

INGRÉDIENTS

— 1 PAQUET DE 450 G (16 OZ) DE NOUILLES DE RIZ À PAD THAÏ, LARGEUR LINGUINI (DE TYPE *A TASTE OF THAI*)

— 1 POITRINE DE POULET D'ENVIRON 350 G (¾ LB) DÉSOSSÉE ET SANS PEAU, COUPÉE EN TRÈS PETITS MORCEAUX

— 3 C. À CAFÉ DE SAUCE SOYA

— 3 C. À SOUPE DE VINAIGRE BLANC

— 125 ML (½ TASSE) DE BOUILLON DE POULET

— 125 ML (½ TASSE) DE SAUCE DE POISSON (STYLE NUOC-MÂM)

— 125 ML (½ TASSE) DE CASSONADE

— 2 C. À CAFÉ DE SRIRACHA

— 3 C. À CAFÉ D'HUILE VÉGÉTALE (ENVIRON)

— 4 OIGNONS VERTS COUPÉS EN MINCES RONDELLES

— 4 GOUSSES D'AIL HACHÉES FINEMENT

— 1 ½ C. À CAFÉ DE GINGEMBRE FRAIS RÂPÉ

— 20 CREVETTES CRUES DE GROSSEUR 21-30, DÉCORTIQUÉES, DÉVEINÉES ET LA QUEUE ENLEVÉE

— 2 ŒUFS

— 500 ML (2 TASSES) DE FÈVES GERMÉES

— 80 ML (⅓ TASSE) D'ARACHIDES NON SALÉES, SANS LA PEAU, HACHÉES

— UNE POIGNÉE DE CORIANDRE FRAÎCHE HACHÉE

— 4 QUARTIERS DE LIME

— POIVRE DU MOULIN

PRÉPARATION

1- Dans une grande casserole, faire bouillir de l'eau et ajouter les nouilles de riz. Retirer immédiatement du feu et laisser tremper 4 minutes maximum en brassant quelques fois pour éviter que les nouilles collent ensemble. Verser dans une passoire et rincer à l'eau froide. Égoutter et réserver. (Les nouilles ne seront pas entièrement cuites et c'est voulu!)

2- Dans un bol, mettre le poulet et ajouter la sauce soya. Bien mélanger pour enrober chaque morceau. Réserver.

3- Dans un autre bol, combiner le vinaigre, le bouillon de poulet, la sauce de poisson, la cassonade et la sriracha. Poivrer et bien mélanger. Réserver.

4- Dans un wok (ou une grande casserole) chauffé à feu moyen-élevé, mettre l'huile végétale. Ajouter les ¾ des oignons verts, l'ail et le gingembre et cuire 1 minute en remuant de temps à autre. Ajouter le poulet et cuire 4 minutes en remuant souvent. Ajouter les crevettes et cuire de 2 à 3 minutes ou jusqu'à ce qu'elles soient rosées (ajouter de l'huile au besoin).

5- Faire un puits au centre des ingrédients et y casser les œufs! Cuire 1 minute en mélangeant pour bien les brouiller et les incorporer à la préparation.

6- Ajouter les nouilles réservées et environ le tiers de la sauce réservée. Cuire en mélangeant régulièrement, jusqu'à ce que les nouilles aient absorbé tout le liquide. Répéter l'opération encore 2 fois avec le reste de la sauce jusqu'à ce qu'il n'y en ait plus! Retirer du feu et ajouter les fèves germées. Mélanger délicatement.

7- Répartir le pad thaï dans 4 grands bols et garnir généreusement d'arachides. Ajouter un peu d'oignons verts et une petite poignée de coriandre fraîche sur le dessus. TRÈS IMPORTANT: servir avec un quartier de lime et le presser sur les nouilles avant de déguster!

± 15$ | **DR. LOOSEN RIESLING 2014**

Avec la cuisine asiatique au goût sucré-salé, ce genre de riesling légèrement sucré et doté d'une bonne acidité permet des accords super!

± 20$ | **BIRICHINO MALVASIA 2014**

Sec, mais résolument exotique avec ses parfums de rose et de fruits tropicaux, ce vin fait découvrir une autre Californie.

BOULETTES
DE VIANDE AVEC SAUCE
TOMATE MAISON

PRÉPARATION	CUISSON	DIFFICULTÉ	PORTIONS
1 h 15 min	1 h	moyen	4 à 6

Ces boulettes de viande sont tellement goûteuses que vous allez vouloir en manger chaque semaine !
La sauce tomate maison est un must pour vraiment compléter ce plat.

INGRÉDIENTS

SAUCE TOMATE MAISON

— 60 ML (¼ TASSE) D'HUILE D'OLIVE

— 1 OIGNON ROUGE HACHÉ FINEMENT

— 2 GOUSSES D'AIL HACHÉES FINEMENT

— 7 TOMATES FRAÎCHES COUPÉES EN CUBES

— 1 BOÎTE DE 156 ML (5 ½ OZ) DE PÂTE DE TOMATES

— 1 FEUILLE DE LAURIER

— 1 C. À SOUPE DE VIN BLANC

— 2 C. À CAFÉ DE SUCRE

— 1 C. À CAFÉ DE BASILIC SÉCHÉ

— 1 C. À CAFÉ D'ORIGAN SÉCHÉ

— ½ C. À CAFÉ DE THYM SÉCHÉ

BOULETTES

— 500 ML (2 TASSES) DE PAIN BRUN COUPÉ EN CUBES

— 80 ML (⅓ TASSE) DE LAIT

— 1 C. À SOUPE DE JUS DE CITRON

— 1 C. À CAFÉ DE SEL

— 6 GOUSSES D'AIL HACHÉES FINEMENT

— 2 ŒUFS

— 1 PETIT OIGNON ROUGE HACHÉ FINEMENT

— 250 ML (1 TASSE) DE PARMESAN RÂPÉ
 + UN PEU BEAUCOUP POUR GARNIR

— 250 ML (1 TASSE) DE CHOU FRISÉ *KALE* HACHÉ FINEMENT

— 125 ML (½ TASSE) DE CHORIZO FORT HACHÉ FINEMENT

— 125 ML (½ TASSE) DE SALAMI DE GÊNES HACHÉ FINEMENT

— 125 ML (½ TASSE) DE PERSIL PLAT HACHÉ FINEMENT
 + UN PEU POUR GARNIR

— 60 G (¼ TASSE) DE FROMAGE RICOTTA LÉGER

— 300 G (⅔ LB) DE PORC HACHÉ MI-MAIGRE

— 300 G (⅔ LB) DE VEAU HACHÉ MI-MAIGRE

— 300 G (⅔ LB) DE BŒUF HACHÉ MI-MAIGRE

— 200 G (7 OZ) DE FROMAGE EN CROTTES TRÈS FROID

— POIVRE DU MOULIN

— RIZ CUIT (POUR LE SERVICE)

PRÉPARATION

SAUCE TOMATE

1- Dans une casserole chauffée à feu moyen, verser l'huile. Ajouter l'oignon et l'ail et faire revenir de 3 à 4 minutes en remuant régulièrement.

2- Ajouter le reste des ingrédients, bien mélanger et laisser mijoter 15 minutes. Retirer les feuilles de laurier et réduire en purée à l'aide d'un bras mélangeur (ou au mélangeur). Réserver.

BOULETTES

1- Dans un très grand bol, mettre le pain, le lait et le jus de citron. Bien mélanger pour s'assurer que tous les cubes de pain sont mouillés, en ajoutant un peu de lait, au besoin. Saler et poivrer. Laisser imbiber 10 minutes.

2- Ajouter le reste des ingrédients des boulettes dans le bol, à l'exception de la viande et du fromage en crottes. Bien mélanger.

3- Ajouter la viande, poivrer et mélanger avec les mains pendant quelques minutes pour bien combiner les ingrédients. Former 15 grosses boulettes (elles doivent être un peu plus petites qu'une balle de tennis) en insérant 1 ou 2 grosses crottes de fromage au centre de chacune. Déposer les boulettes sur une plaque de cuisson recouverte de papier parchemin.

4- Préchauffer le four à broil. Cuire de 5 à 7 minutes en les tournant de temps à autre, jusqu'à ce que les boulettes soient bien dorées. Retirer du four et réserver.

5- Amener la sauce tomate à ébullition et réduire le feu. Déposer les boulettes dans la sauce et laisser mijoter de 10 à 12 minutes en les arrosant de sauce régulièrement. (Puisque les boulettes sont grosses, vous devrez probablement les faire cuire en deux lots.)

6- Servir avec du riz et ajouter de la sauce sur le dessus. Garnir avec du persil frais et surtout avec une tonne de parmesan !

± 10$ | **ROBERTSON WINERY CABERNET SAUVIGNON**

Un « cab » sud-africain équilibré, qui sent bon les fruits noirs mûrs et la torréfaction. À ce prix, il est dur à battre !

± 20$ | **SARTORI RIPASSO**

Dérivés de la méthode unique d'élaboration des amarones, grands vins de la Vénétie, les ripassos offrent plus d'intensité que les valpolicellas réguliers, avec leurs accents de fruits mûrs compotés.

PILONS DE POULET À LA JERK

 PRÉPARATION : 15 min
RÉFRIGÉRATION : 1 h
CUISSON : 30 min

 DIFFICULTÉ : facile

 PORTIONS : 4

INGRÉDIENTS

_ 2 C. À CAFÉ DE THYM SÉCHÉ

_ 2 C. À CAFÉ DE PERSIL SÉCHÉ

_ 2 C. À CAFÉ DE CASSONADE

_ 1 C. À CAFÉ DE SEL

_ 1 C. À CAFÉ DE PAPRIKA DOUX FUMÉ

_ 1 C. À CAFÉ DE POUDRE D'AIL

_ 1 C. À CAFÉ DE POUDRE D'OIGNON

_ ½ C. À CAFÉ DE PIMENT DE CAYENNE

_ ½ C. À CAFÉ DE POIVRE NOIR MOULU

_ ½ C. À CAFÉ DE MUSCADE MOULUE

_ ¼ C. À CAFÉ DE CANNELLE MOULUE

_ ¼ C. À CAFÉ DE CLOU DE GIROFLE MOULU

_ ¼ C. À CAFÉ DE CHILI EN POUDRE

_ 12 PILONS DE POULET AVEC LA PEAU

PRÉPARATION

1- Mettre tous les ingrédients (sauf les pilons de poulet) dans un bol et bien mélanger.

2- Déposer les pilons de poulet dans un grand plat hermétique et bien les saupoudrer de tous les côtés avec le mélange d'épices. Réserver au frigo pendant 1 heure.

3- Préchauffer le four à 200 °C (400 °F).

4- Recouvrir une grande plaque de cuisson de papier parchemin et déposer les pilons dessus. Cuire au four de 25 à 30 minutes ou jusqu'à ce que le poulet ait perdu sa teinte rosée à l'intérieur. Retourner à mi-cuisson.

± 10 $ | **COELUS JOVEN RIOJA**
Une expression du rioja où le fruit brille, sans accents boisés. Un vin pas compliqué qui complétera bien les épices «jerk» de ces pilons qu'on mangera avec les mains, devant la partie.

± 20 $ | **LUNGAROTTI RUBESCO 2012**
Un vin légèrement rustique, mais parfaitement attachant, un peu comme cette recette aux notes épicées.

Ces pilons de poulet peuvent facilement se faire sur le barbecue: préchauffer à puissance élevée, puis réduire la température à puissance moyenne. Faire griller les pilons de 20 à 25 minutes, ou jusqu'à ce que la viande se détache facilement de l'os, en les tournant régulièrement durant la cuisson.

PIZZA AU JAMBON, AUX PRUNEAUX ET AU CHEDDAR FORT

 PRÉPARATION : 15 min
CUISSON : 15 min

 DIFFICULTÉ : facile

 DONNE : 1 pizza de 30 cm (12 po) environ

J'ai découvert cette recette incroyable dans un village côtier du nord-est de l'Espagne. Il y avait un petit restaurant familial caché dans une ruelle à peine éclairée… Quel solide coup de cœur, cette ville de Cadaquès !

INGRÉDIENTS

— 1 BOULE (450 G/1 LB) DE PÂTE À PIZZA MAISON (VOIR RECETTE SUR LECOUPDEGRACE.CA) OU DU COMMERCE

— BEURRE OU MARGARINE

— 2 C. À CAFÉ D'HUILE D'OLIVE (ENVIRON)

— SEL D'AIL

— 1 PETIT OIGNON ESPAGNOL HACHÉ FINEMENT

— 10 FINES TRANCHES DE JAMBON FORÊT-NOIRE COUPÉES EN CARRÉS

— 20 PRUNEAUX SÉCHÉS HACHÉS GROSSIÈREMENT (ENVIRON)

— 200 G (2 TASSES) DE CHEDDAR FORT RÂPÉ

— POIVRE DU MOULIN

— FARINE TOUT USAGE (POUR LE PLAN DE TRAVAIL)

PRÉPARATION

1- Préchauffer le four à 260 °C (500 °F).

2- Abaisser la pâte à pizza sur un plan de travail fariné. La déposer sur une plaque de cuisson préalablement graissée (vous pouvez aussi utiliser une pierre à pizza chaude ou une grille à pizza).

3- Verser l'huile sur la pâte et l'étendre partout, jusqu'au bord ! Saupoudrer de sel d'ail.

4- Ajouter l'oignon et le jambon, et bien les répartir sur la pâte. Terminer par les pruneaux séchés. Enterrer le tout de cheddar fort et poivrer !

5- Cuire au four de 10 à 12 minutes ou jusqu'à ce que la croûte soit bien dorée. Terminer la cuisson à broil pendant quelques instants pour dorer le fromage, si nécessaire.

± 15 $ | **POGGIO BADIOLA**

Cerise, épices douces, vanille… Ce vin, offert à bon prix, est produit par la maison Mazzei qui est reconnue pour ses chiantis de grande qualité.

± 30 $ | **ZENATO RIPASSA**

Pour aller avec le caractère sucré-salé de cette recette, voici un vin riche et soyeux aux accents de confiture de fruits rouges et noirs.

Espagne

août 2011

POISSON GRILLÉ AUX ÉPICES

 PRÉPARATION : 10 min
RÉFRIGÉRATION : 1 h
CUISSON : 20 min

 DIFFICULTÉ :
facile

 PORTIONS : 4

INGRÉDIENTS

— 1 C. À CAFÉ DE GRAINES DE CORIANDRE

— 1 C. À CAFÉ DE GRAINES DE FENOUIL

— 1 C. À CAFÉ DE GRAINES DE CUMIN

— 1 C. À CAFÉ DE GRAINES DE MOUTARDE

— ½ C. À CAFÉ DE PIMENT DE CAYENNE BROYÉ

— ½ C. À CAFÉ DE CURCUMA MOULU

— ½ C. À CAFÉ DE GROS SEL

— 4 VIVANEAUX PARÉS, SANS ÉCAILLES, DE 300 À 400 G (10 À 13 OZ) CHACUN

— 2 BONNES POIGNÉES DE CORIANDRE FRAÎCHE + UN PEU POUR LE SERVICE

— HUILE D'OLIVE

— 2 LIMES COUPÉES EN DEUX

— POIVRE DU MOULIN

PRÉPARATION

1- Dans une petite poêle chauffée à température moyenne, mettre les graines de coriandre, de fenouil, de cumin et de moutarde, et griller de 2 à 3 minutes pour faire ressortir leurs arômes. Laisser refroidir, puis mettre dans un mortier avec le reste des épices. À l'aide d'un pilon, écraser les grains pour les réduire en poudre. Poivrer au goût.

2- Saupoudrer généreusement l'intérieur des poissons de la moitié du mélange d'épices et remplir la cavité de coriandre fraîche. Huiler légèrement l'extérieur des poissons et saupoudrer la peau du reste des épices. Réserver au frigo pendant 1 heure.

3- Préchauffer le barbecue à puissance élevée.

4- Au moment de cuire le poisson, baisser l'intensité à puissance moyenne d'un seul côté. Huiler légèrement la grille de ce côté et déposer les poissons dessus. Cuire pendant environ 15 minutes ou jusqu'à ce que la chair du poisson soit bien cuite et qu'elle se défasse facilement à la fourchette. Ne pas retourner ni déplacer le poisson pendant la cuisson. Retirer le vivaneau du barbecue à l'aide d'une grande spatule métallique (soyez délicat !).

5- Environ 5 minutes avant la fin de la cuisson, ajouter les limes côté chair sur la grille et cuire jusqu'à ce qu'elles soient colorées. Servir le poisson avec les limes grillées et une bonne poignée de coriandre fraîche !

± 15 $ | **RAPITALA CATARRATTO/CHARDONNAY 2015**
Un vin sicilien résultant d'un assemblage de catarratto, un cépage local, et de chardonnay. Son registre de pomme et de fleurs appelle les soirées sur la terrasse et le poisson grillé !

± 20 $ | **JOSEPH DROUHIN CHABLIS 2014**
Difficile de se tromper avec les vins de la région de Chablis, aux notes de pomme verte, d'agrumes et de craie !

Les poissons entiers sont tellement délicieux ! Pour les savourer, retirer la peau et passer votre fourchette le long des arêtes, de la colonne vers l'extérieur. La chair s'enlèvera comme un charme ! Pendant la cuisson, ayez toujours un vaporisateur d'eau à votre disposition pour éteindre les éventuelles flammes sous les grilles du barbecue !

JAMBON À LA BIÈRE AVEC POMMES ET FENOUIL RÔTIS

PRÉPARATION	CUISSON	DIFFICULTÉ	PORTIONS
20 min	4 h 5 min	facile	4 à 6

INGRÉDIENTS

- 2 C. À SOUPE DE BEURRE
- ½ OIGNON ESPAGNOL HACHÉ FINEMENT
- 2 GOUSSES D'AIL HACHÉES FINEMENT
- 750 ML (3 TASSES) DE BIÈRE BLONDE DE CHAMBLY D'UNIBROUE (OU AUTRE BIÈRE BLONDE)
- 1 GROS JAMBON FUMÉ D'ENVIRON 3 KG (6 LB) DE STYLE PICNIC AVEC OS ET COUENNE
- 250 ML (1 TASSE) DE SIROP D'ÉRABLE
- 250 ML (1 TASSE) DE CASSONADE
- 1 C. À CAFÉ D'HERBES DE PROVENCE
- 3 FEUILLES DE LAURIER
- 2 C. À SOUPE DE MOUTARDE DE DIJON
- 3 CLOUS DE GIROFLE
- 250 À 500 ML (1 À 2 TASSES) D'EAU
- 2 POMMES SPARTAN COUPÉES EN QUARTIERS
- ½ BULBE DE FENOUIL COUPÉ EN QUARTIERS

PRÉPARATION

1- Préchauffer le four à 150 °C (300 °F).

2- Dans une grande cocotte, faire fondre le beurre à feu moyen. Ajouter l'oignon et l'ail et faire revenir de 3 à 4 minutes. Déglacer avec la bière et bien gratter le fond pour aller chercher toutes les saveurs !

3- Ajouter le jambon, le sirop d'érable, la cassonade, les herbes de Provence, les feuilles de laurier, la moutarde et les clous de girofle. Verser assez d'eau pour arriver jusqu'à la moitié du jambon. Bien mélanger et arroser le jambon du liquide. Couvrir, mettre au four et faire cuire pendant 3 h 30 min en arrosant le jambon toutes les 30 minutes.

4- Ajouter les pommes et le fenouil, puis bien arroser le jambon. Poursuivre la cuisson 30 minutes, à découvert.

5- À l'aide d'un grand couteau, retirer la couenne du jambon et couper de belles tranches. Servir avec les pommes et le fenouil cuits.

± 10 $ | **NORTON BARREL SELECT MALBEC**
Un malbec argentin exemplaire, combinant les notes de réglisse et de fruits noirs typiques du cépage. Délicieux !

± 20 $ | **RÉSERVE ROUGE DE ST-JACQUES 2013**
Peut-être le vin rouge le plus impressionnant du Québec ! Élégant et complexe avec des notes de cerise et des accents boisés bien intégrés.

SOUS-MARINS AVEC ÉMINCÉ DE PORC ET DE BŒUF

 PRÉPARATION : 30 min
MACÉRATION : 20 min
CUISSON : 30 min

 DIFFICULTÉ : moyen

 PORTIONS : 4

INGRÉDIENTS

MAYONNAISE CHIPOTLE

— 250 ML (1 TASSE) DE MAYONNAISE

— 1 C. À CAFÉ DE PIMENT CHIPOTLE EN POUDRE (OU PLUS, AU GOÛT)

— SEL

SOUS-MARINS

— 600 G (1 ⅓ LB) DE BŒUF À FONDUE HACHÉ GROSSIÈREMENT

— 300 G (⅔ LB) DE PORC À FONDUE HACHÉ GROSSIÈREMENT

— 60 ML (¼ TASSE) DE SAUCE SOYA

— 5 C. À CAFÉ DE SAUCE DE POISSON (STYLE NUOC-MÂM)

— 1 C. À CAFÉ DE SRIRACHA (OU PLUS, AU GOÛT)

— 2 C. À SOUPE D'HUILE D'OLIVE (ENVIRON)

— ½ OIGNON VIDALIA TRANCHÉ ULTRA FINEMENT

— 6 GROS CHAMPIGNONS BLANCS TRANCHÉS

— 1 POIVRON ROUGE TRANCHÉ EN LANIÈRES

— 1 POIVRON VERT TRANCHÉ EN LANIÈRES

— ½ C. À CAFÉ D'HERBES DE PROVENCE

— 4 PAINS À SOUS-MARINS DE 25 CM (10 PO) DE LONG, OUVERTS SUR LA LONGUEUR

— 8 TRANCHES DE FROMAGE PROVOLONE

— POIVRE DU MOULIN

PRÉPARATION

MAYONNAISE

1- Dans un bol, mettre tous les ingrédients de la mayonnaise et bien mélanger. Saler au goût et réserver au frigo.

SOUS-MARINS

1- Déposer la viande dans un grand bol. Verser la sauce soya, 4 c. à soupe de la sauce de poisson et la sriracha. Poivrer et bien mélanger en séparant la viande pour l'enrober partout. Laisser mariner sur le comptoir pendant 20 minutes.

2- Dans une grande poêle chauffée à feu moyen-doux, ajouter l'huile d'olive et l'oignon. Saler, poivrer et cuire de 10 à 12 minutes pour faire caraméliser doucement. Réserver dans un bol.

3- Dans la même poêle chauffée à feu élevé, ajouter les champignons, les poivrons, les herbes de Provence et le reste de la sauce de poisson. Mélanger et faire sauter de 6 à 8 minutes pour bien dorer. Ajouter ces légumes à l'oignon caramélisé et mélanger.

4- Bien égoutter la viande et, dans la même poêle chauffée à feu élevé, la cuire de 2 à 3 minutes, en mélangeant régulièrement, jusqu'à ce qu'elle soit légèrement rosée. Retirer du feu et égoutter le liquide. Ajouter le sauté de poivrons à la viande, bien mélanger et garder au chaud.

5- Beurrer les pains à l'intérieur et à l'extérieur puis, dans une poêle chauffée à température moyenne, les griller quelques minutes. Étendre environ 1 c. à soupe de mayonnaise chipotle dans chacun des pains, suivie de 2 tranches de fromage. Répartir le mélange viande-légumes dans les pains et manger pendant que c'est chaud !

± 10$ | **FRONTERA CABERNET-SAUVIGNON**
Un cabernet du Chili assez costaud pour accompagner ce sous-marin à la mode Coup de Grâce, ridiculement abordable et plutôt digeste !

± 20$ | **LES VINS DE VIENNE LES CRANILLES 2014**
Un Côtes du Rhône particulièrement accessible, aux tannins soyeux. Un régal !

POITRINES DE CANARD GRILLÉES À L'ASIATIQUE

 PRÉPARATION : 30 min
RÉFRIGÉRATION : 24 h
CUISSON : 15 min

DIFFICULTÉ :
facile

PORTIONS : 4

INGRÉDIENTS

— 3 POITRINES DE CANARD DU LAC BROME DE 400 G (14 OZ) CHACUNE

— 125 ML (½ TASSE) DE SAUCE SOYA

— 125 ML (½ TASSE) DE SAUCE HOISIN

— 60 ML (¼ TASSE) DE MIEL

— 1 C. À SOUPE DE GINGEMBRE FRAIS RÂPÉ FINEMENT

— ½ C. À CAFÉ D'HUILE DE SÉSAME GRILLÉ

— 1 C. À CAFÉ DE SRIRACHA

— 2 LIMES

— 2 CITRONS

— 1 ORANGE

— 4 GOUSSES D'AIL HACHÉES FINEMENT

— CIBOULETTE FRAÎCHE HACHÉE FINEMENT (POUR DÉCORER)

— SEL ET POIVRE DU MOULIN

PRÉPARATION

1- Déposer les poitrines de canard sur un plan de travail et faire des incisions en damier dans le gras à tous les 2 cm (¾ po). Ne pas couper la chair. Réserver.

2- Dans un grand plat hermétique, verser les sauces soya et hoisin, le miel, le gingembre, l'huile de sésame grillé, la sriracha, le zeste de 1 lime et le jus des 2 limes, le zeste de 1 citron et le jus des 2 citrons, le zeste et le jus de l'orange et l'ail. Saler, poivrer et bien mélanger.

3- Déposer les poitrines dans la marinade, la chair vers le bas, et refermer le plat. Bien brasser pour enrober le canard. Placer au frigo pour 24 heures.

4- Préchauffer le barbecue à puissance élevée. Fermer le brûleur d'un côté des grilles et y déposer le canard, le gras vers le bas, pour une cuisson indirecte. Fermer le couvercle du barbecue et cuire de 5 à 6 minutes. (Il est très important de garder un œil sur votre canard, car les flammes peuvent monter et le faire brûler !)

5- Réduire le côté allumé du barbecue à puissance moyenne et y transférer les poitrines de canard, la chair vers le bas. Faire griller 4 minutes, donner une rotation de 45° et poursuivre la cuisson encore 4 minutes (s'il y a trop de flammes, déplacer la viande sur la grille).

6- Retirer du feu, mettre dans une assiette et recouvrir de papier d'aluminium. Laisser reposer 5 minutes, couper en tranches minces et décorer de ciboulette !

± 15 $ | **FUZION ALTA RESERVA MALBEC/TEMPRANILLO**
Un assemblage inusité pour un vin argentin, s'exprimant sur un registre qui rappelle la prune, les épices douces et le bois. Signé Zuccardi !

± 20 $ | **YALUMBA OLD BUSH VINE GRENACHE 2014**
On goûte rarement des vins australiens faits à partir de grenache. Opulent, intense et vraiment séduisant. Celui-ci évoque l'eucalyptus, le poivre et la confiture de framboises !

Ce canard est excellent avec des légumes grillés et ma salade de fenouil, oranges et olives noires (vous trouverez la recette sur mon site lecoupdegrace.ca) !

PRÉPARATION : 1 h
RÉFRIGÉRATION : 15 min
CUISSON : 30 min

DIFFICULTÉ :
difficile

PORTIONS : 4

INGRÉDIENTS

— 80 ML (⅓ TASSE) D'HUILE D'OLIVE
(+ AU BESOIN)

— 2 ÉCHALOTES FRANÇAISES
HACHÉES FINEMENT

— 500 G (1 LB) D'AGNEAU HACHÉ MI-MAIGRE

— 114 G (4 OZ) DE CHAMPIGNONS SHIITAKES
FRAIS, HACHÉS FINEMENT

— 45 G (1 ½ OZ) DE TRANCHES MINCES DE
PROSCIUTTO HACHÉES FINEMENT

— 150 G (5 OZ) DE FROMAGE DE CHÈVRE
NON AFFINÉ À PÂTE MOLLE

— 60 ML (¼ TASSE) DE PERSIL ITALIEN FRAIS,
HACHÉ FINEMENT

— 1 C. À CAFÉ DE ZESTE DE CITRON

— 1 BOULE DE PÂTE (450 G/1 LB) OU UN
PAQUET DE RAVIOLIS CHINOIS (WON TON)

— FARINE TOUT USAGE
(POUR FARINER LES SURFACES)

— 3 GRAPPES DE TOMATES
CERISES COLORÉES

— 750 ML (3 TASSES) DE ROQUETTE FRAÎCHE
(ENVIRON)

— 125 ML (½ TASSE) DE NOIX DE GRENOBLE
GRILLÉES, HACHÉES GROSSIÈREMENT

— UNE MONTAGNE DE COPEAUX
DE PARMESAN FRAIS

— SEL ET POIVRE DU MOULIN

RAVIOLIS À L'AGNEAU ET AU FROMAGE DE CHÈVRE AVEC TOMATES GRILLÉES

PRÉPARATION

1- Dans une grande poêle chauffée à température moyenne, mettre 2 c. à soupe d'huile d'olive. Ajouter les échalotes et cuire pendant 3 minutes en remuant.

2- Ajouter l'agneau haché et cuire environ 5 minutes, en le brisant en petits morceaux, jusqu'à ce qu'il soit légèrement rosé. Saler et poivrer.

3- Ajouter les champignons et poursuivre la cuisson 2 minutes ou jusqu'à ce que l'agneau soit bien cuit. Égoutter le gras et transférer la préparation dans un grand bol. Réserver.

4- Remettre la poêle sur le feu et cuire le prosciutto pendant 4 minutes en remuant. Mettre dans le bol avec l'agneau.

5- Ajouter dans le bol le fromage de chèvre, le persil et le zeste de citron. Bien mélanger la préparation et rectifier l'assaisonnement, au besoin. Mettre au frigo 15 minutes pour faire durcir la farce (ça vous facilitera la vie!).

6- Pendant ce temps, diviser la boule de pâte en 4 morceaux égaux et donner à chacun une forme carrée. Laminer chaque morceau pour qu'il devienne ultra mince (épaisseur 5 sur le laminoir à pâte KitchenAid ou environ 1 mm) et ajouter de la farine si la pâte colle trop à la machine.

7- Déposer les 4 bandes sur un plan de travail bien fariné. Couvrir d'un linge humide les bandes de pâte inutilisées pour éviter qu'elles sèchent.

8- Sur 2 bandes de pâte non couvertes, déposer 1 c. à soupe de farce à 5 cm (2 po) d'intervalle (si vous préférez faire 2 rangées de raviolis, assurez-vous d'avoir assez de pâte autour pour bien les sceller). Badigeonner légèrement d'eau la pâte autour de la farce. Déposer dessus les deux autres bandes de pâte. Avec les doigts, bien appuyer sur le pourtour de la farce pour faire sortir l'air et sceller les raviolis, ça évitera que la garniture ne sorte durant la cuisson! Couper les raviolis avec un emporte-pièce ou avec une roulette dentelée. Bien fariner les pâtes, les déposer sur une plaque de cuisson et les mettre au frigo jusqu'à ce qu'il soit temps de les manger.

9- Préchauffer le four à 200 °C (400 °F).

10- Déposer les grappes de tomates sur une plaque de cuisson et arroser d'un bon filet d'huile d'olive. Saler et poivrer. Cuire au four de 8 à 10 minutes ou jusqu'à ce que les tomates soient légèrement plissées! Sortir du four et réserver.

11- Pendant ce temps, dans une grande casserole d'eau bouillante salée, cuire les raviolis environ 5 minutes. Les verser dans une passoire pour bien les égoutter. (Pour éviter que les raviolis s'ouvrent pendant la cuisson, cuisez-les à faibles bouillons : lorsque l'eau bout, baissez simplement le feu et attendez qu'elle se calme les nerfs un peu!)

12- Mettre les raviolis dans un grand bol et les arroser d'un bon filet d'huile d'olive (vous gagnerez à utiliser une huile de bonne qualité). Ajouter la roquette, les noix de Grenoble et une bonne poignée de parmesan frais, puis mélanger délicatement pour bien enrober le tout sans briser les raviolis!

13- Servir dans une grande assiette, déposer les tomates grillées sur le dessus et garnir d'une tonne de parmesan.

| ± 15 $ | **TORRES CORONAS** |

Un tempranillo d'une complexité épatante pour le prix, nous rappelant encore une fois que tout ce que touche la maison Torres vaut la peine d'être goûté… et regoûté!

| ± 20 $ | **DUPÉRÉ BARRERA CÔTES DU RHÔNE VILLAGES 2015** |

Un vin des Côtes du Rhône à dominante de syrah, exhalant des accents de poivre noir, de framboise et de violette. Miam!

Vous trouverez la recette de pâte fraîche sur mon site lecoupdegrace.ca. Une boule de pâte donne environ 40 raviolis. Il vous restera donc fort probablement de la farce. Pour ne pas la perdre, vous pouvez soit la congeler, soit la lancer dans des pâtes cuites avec de la roquette, du parmesan et un bon filet d'huile d'olive. Ça vous fera un lunch de feu pour le lendemain!

RISOTTO AUX FRUITS DE MER, À LA COURGE ET À LA BIÈRE BLANCHE

 PRÉPARATION: 35 min
CUISSON: 1 h 30 min

 DIFFICULTÉ: moyen

 **PORTIONS:** 4 à 6

INGRÉDIENTS

— 375 ML (1 ½ TASSE) DE COURGE MUSQUÉE COUPÉE EN CUBES

— HUILE D'OLIVE

— 2 C. À SOUPE DE BEURRE

— 2 ÉCHALOTES FRANÇAISES HACHÉES FINEMENT

— 500 ML (2 TASSES) DE RIZ ARBORIO

— 250 ML (1 TASSE) DE VIN BLANC

— 1,375 LITRE (5 ½ TASSES) DE BOUILLON DE POULET CHAUD

— 250 ML (1 TASSE) DE BIÈRE BLANCHE DE CHAMBLY D'UNIBROUE (OU DE BOUILLON DE POULET)

— 12 CREVETTES DE GROSSEUR 21-30 NON CUITES, SANS ÉCAILLES ET COUPÉES EN GROS MORCEAUX

— 12 PÉTONCLES DE GROSSEUR 21-30

— SEL D'AIL

— 250 ML (1 TASSE) DE PARMESAN FRAIS RÂPÉ

— SEL ET POIVRE DU MOULIN

PRÉPARATION

1- Préchauffer le four à 200 °C (400 °F).

2- Sur une plaque de cuisson, déposer les cubes de courge et les arroser d'un bon filet d'huile d'olive. Mélanger pour bien les enrober. Saler et poivrer et mettre au four pour environ 45 minutes ou jusqu'à ce que les cubes soient tendres (remuer à mi-cuisson). Hacher la courge grossièrement et réserver.

3- Dans une grande casserole chauffée à feu moyen, faire fondre le beurre. Ajouter les échalotes françaises et cuire de 3 à 4 minutes, sans les colorer. Remuer souvent.

4- Ajouter le riz et cuire 1 minute en mélangeant pour bien l'enrober. Ajouter le vin blanc et mélanger. Laisser réduire à sec.

5- Poursuivre la cuisson en ajoutant du bouillon de poulet, 190 ml (¾ tasse) à la fois, et laisser réduire à sec entre chaque ajout (mélanger régulièrement). Ajouter la bière à mi-cuisson (il devrait rester la moitié du bouillon). Si le liquide est absorbé ou s'évapore trop rapidement, baisser légèrement le feu (la cuisson devrait prendre de 25 à 30 minutes). Réserver 125 ml (½ tasse) du bouillon chaud.

6- Pendant ce temps, déposer les crevettes et les pétoncles sur un papier absorbant et bien les éponger. Dans une poêle chauffée à feu moyen-élevé, verser un filet d'huile d'olive et faire sauter les fruits de mer de 3 à 4 minutes. Assaisonner avec du sel d'ail et du poivre. Remuer souvent. Retirer du feu et réserver.

7- Lorsque la cuisson du riz est terminée (un grain tendre, mais légèrement croquant à l'intérieur), retirer la casserole du feu et ajouter le parmesan, les fruits de mer et la courge. Bien mélanger. Saler et poivrer, au goût.

8- Juste avant de servir, ajouter le bouillon de poulet chaud réservé et mélanger délicatement. Le risotto sera crémeux à souhait!

± 15$ | **CASTEL SANS-FAÇON CHARDONNAY/VIOGNIER**
Avec ce genre de plats à la texture crémeuse, on sort les chardonnays à la texture ronde! Ici en assemblage avec du viognier, il développe des accents de pêche mûre extrêmement séduisants!

± 20$ | **MAISON CHAMPY CHARDONNAY SIGNATURE 2014**
Un chardonnay bourguignon, un choix sûr pour ce genre de plat raffiné. Beau moment assuré!

VOL-AU-VENT AU HOMARD ET AUX CHAMPIGNONS

PRÉPARATION	CUISSON	DIFFICULTÉ	PORTIONS
25 min	30 min	moyen	6

INGRÉDIENTS

— 5 QUEUES DE HOMARD AVEC LA CARAPACE

— 1,5 LITRE (6 TASSES) DE BOUILLON DE POULET

— 3 C. À CAFÉ D'HUILE D'OLIVE

— 2 ÉCHALOTES FRANÇAISES HACHÉES FINEMENT

— 2 GOUSSES D'AIL HACHÉES FINEMENT

— 125 ML (½ TASSE) DE CÉLERI TRANCHÉ FINEMENT

— 12 CHAMPIGNONS BLANCS TRANCHÉS

— 1 C. À SOUPE DE FEUILLES DE THYM FRAIS

— 60 ML (¼ TASSE) DE BEURRE

— 60 ML (¼ TASSE) DE FARINE TOUT USAGE

— 125 ML (½ TASSE) DE LAIT

— ½ C. À CAFÉ DE PAPRIKA FUMÉ DOUX

— 6 VOL-AU-VENT CHAUDS

PRÉPARATION

1- Retirer la chair des queues de homard (en réservant les carapaces) et la hacher grossièrement. Réserver au frigo.

2- Dans une casserole, mettre les carapaces et verser le bouillon de poulet. Amener à ébullition, réduire le feu et laisser mijoter à feu doux 15 minutes. Retirer du feu, filtrer le jus et le réserver dans un bol.

3- Dans une poêle chauffée à feu moyen, verser l'huile d'olive et faire revenir les échalotes, l'ail et le céleri 2 minutes. Ajouter les champignons et poursuivre la cuisson 2 minutes, en ajoutant un peu d'huile, si nécessaire.

4- Ajouter la chair de homard et le thym, et cuire de 3 à 4 minutes. Saler et poivrer. Retirer du feu et réserver.

5- Dans une casserole chauffée à feu moyen, faire fondre le beurre et ajouter la farine. Bien mélanger pour former un roux et cuire 2 minutes en remuant sans arrêt. Verser le bouillon de homard et le lait, en défaisant les grumeaux à l'aide d'un fouet. Cuire en brassant sans arrêt de 4 à 5 minutes ou jusqu'à ce que la sauce ait épaissi et colle bien au dos d'une cuillère en bois. Retirer du feu, ajouter la préparation de homard et le paprika, puis bien mélanger. Goûter et rectifier l'assaisonnement, si nécessaire.

6- Déposer les vol-au-vent dans les assiettes et verser une bonne quantité de sauce au homard sur le dessus !

± 15$ | **BOSCHENDAL 1685 CHARDONNAY 2015**
Un chardonnay aux accents de poire mûre, de fleurs et de pain grillé. Sa texture grasse fera un accord intéressant avec la béchamel et le homard.

± 20$ | **DOMAINE LES BROME RÉSERVE VIDAL 2011**
Un des meilleurs domaines du Québec! Les accents boisés légèrement vanillés de ce Vidal Réserve s'agenceront à merveille avec la chair fine du homard.

RÔTI DE VEAU À LA MOUTARDE ET AU BACON

 PRÉPARATION: 25 min
CUISSON: 55 min

 **DIFFICULTÉ:** facile

PORTIONS: 4 à 6

Cette recette coûte cher (un rôti de veau de ce poids coûte environ 70 $), alors cuisinez-la pour des personnes que vous aimez vraiment! Je vous le jure: ça goûte le paradis!

INGRÉDIENTS

— 1 RÔTI DE LONGE DE VEAU D'ENVIRON 1,5 KG (3 ⅓ LB), FICELÉ

— HUILE D'OLIVE

— 4 C. À SOUPE DE MOUTARDE DE DIJON

— 2 C. À SOUPE DE MOUTARDE À L'ANCIENNE

— 2 C. À SOUPE D'HUILE D'OLIVE

— 2 C. À SOUPE DE VIN BLANC

— 1 C. À SOUPE DE MIEL

— 2 GOUSSES D'AIL HACHÉES FINEMENT

— 1 C. À SOUPE DE ROMARIN FRAIS HACHÉ FINEMENT

— 1 C. À CAFÉ D'HERBES SALÉES DU BAS-DU-FLEUVE

— ½ C. À CAFÉ D'ÉPICES ITALIENNES

— 8 TRANCHES DE PROSCIUTTO

— SEL ET POIVRE DU MOULIN

PRÉPARATION

1- Préchauffer le four à 160 °C (325 °F).

2- Saler et poivrer le veau de tous les côtés. Dans une grande poêle chauffée à feu moyen-élevé, verser un filet d'huile d'olive et faire dorer le rôti de tous les côtés de 5 à 7 minutes. Retirer du feu et réserver.

3- Dans un bol, mettre les moutardes, 2 c. à soupe d'huile, le vin, le miel, l'ail, le romarin, les herbes salées et les épices italiennes. Saler, poivrer et bien mélanger.

4- Placer le rôti sur une plaque de cuisson et retirer la ficelle. Le badigeonner de la moitié du mélange de moutarde et l'enrober avec les tranches de prosciutto. Le badigeonner à nouveau, sur le prosciutto, du reste du mélange de moutarde.

5- Déposer la plaque au four et cuire de 30 à 45 minutes ou jusqu'à ce que la température interne du rôti soit de 57 °C (135 °F), pour une viande rosée. (Le temps de cuisson peut varier selon l'épaisseur du rôti.)

6- Recouvrir la viande de papier d'aluminium et laisser reposer 5 minutes. Au moment de servir, couper en tranches fines.

± 15$ | **JEAN-NOËL BOUSQUET LA GARNOTTE**

Les rouges du sud de la France et les plats de viande parfumée au romarin se conjuguent souvent bien. Ce vin de Jean-Noël Bousquet est ridiculement abordable et délicieux.

± 20$ | **CAVE DE ROQUEBRUN CHEMIN DES OLIVETTES**

La cave coopérative de Roquebrun travaille toujours très bien. Pour preuve: ce rouge aux parfums de fruits rouges mûrs, d'herbes aromatiques et de poivre.

JOUES DE VEAU BRAISÉES À L'ORANGE

 PRÉPARATION: 20 min
CUISSON: 3 h 30 min

 DIFFICULTÉ: facile

 PORTIONS: 4

INGRÉDIENTS

— 2 À 3 C. À CAFÉ D'HUILE D'OLIVE

— 8 JOUES DE VEAU DÉGRAISSÉES

— 1 GROS OIGNON ROUGE HACHÉ FINEMENT

— 4 GOUSSES D'AIL HACHÉES FINEMENT

— 500 ML (2 TASSES) DE VIN ROUGE

— 60 ML (¼ TASSE) DE SAUCE SOYA

— 3 C. À SOUPE DE SAUCE HOISIN

— 2 C. À SOUPE DE GINGEMBRE FRAIS RÂPÉ

— 1 C. À SOUPE DE CASSONADE

— LE ZESTE DE ½ ORANGE, + UN PEU POUR GARNIR

— LE JUS DE 2 ORANGES

— 750 ML (3 TASSES) ENVIRON DE FOND DE VEAU (DISPONIBLE DANS LES SUPERMARCHÉS OU LES BOUCHERIES)

— SEL ET POIVRE DU MOULIN

PRÉPARATION

1- Dans une grande casserole chauffée à feu moyen, verser l'huile d'olive et faire revenir les joues de veau de 3 à 4 minutes de chaque côté pour obtenir une belle coloration. Bien saler et poivrer. Retirer de la casserole et réserver dans une assiette.

2- Dans la même casserole, ajouter l'oignon et l'ail et faire revenir de 3 à 4 minutes (ajouter un peu d'huile, au besoin). Déglacer avec le vin rouge et bien gratter le fond pour aller chercher toutes les saveurs !

3- Remettre les joues de veau dans la casserole et ajouter le reste des ingrédients. Verser assez de fond de veau pour bien couvrir la viande. Saler et poivrer, puis bien mélanger. Porter à ébullition, réduire à feu doux et laisser mijoter à faibles bouillons pendant 3 heures, à demi-couvert. Arroser et tourner la viande de temps à autre.

4- Servir sur la purée de panais et de petits pois (recette p. 213) avec un peu de sauce. Décorer de zeste d'orange.

± 15$ | **SANTA CRISTINA TOSCANA**
La famille Antinori est une véritable référence en Toscane, livrant des vins excellents peu importe la gamme de prix. Ça sent bon la cerise, les épices douces et l'anis !

± 20$ | **GABBIANO RISERVA CHIANTI-CLASSICO**
On reste dans la même région italienne, mais on monte l'intensité d'un cran avec ce chianti aux parfums de fruits mûrs, de tabac et de bois.

PIZZA AUX TOMATES CERISES, AU PARMESAN ET À L'ORIGAN FRAIS

PRÉPARATION: 15 min
CUISSON: 15 min

DIFFICULTÉ:
facile

DONNE: 1 pizza de 30 cm
(12 po) environ

INGRÉDIENTS

— 1 BOULE (450 G/1 LB) DE PÂTE À PIZZA MAISON (VOIR RECETTE SUR LECOUPDEGRACE.CA) OU DU COMMERCE

— FARINE TOUT USAGE (POUR LE PLAN DE TRAVAIL)

— BEURRE OU MARGARINE

— 2 C. À CAFÉ D'HUILE D'OLIVE (ENVIRON)

— 4 GROSSES GOUSSES D'AIL HACHÉES FINEMENT

— ÉPICES ITALIENNES, AU GOÛT

— 2 CHOPINES DE TOMATES CERISES DE DIFFÉRENTES COULEURS, COUPÉES EN DEUX (ENVIRON 500 G/17 OZ AU TOTAL)

— 160 G (1 ½ TASSE) DE PARMESAN FRAIS RÂPÉ

— UNE POIGNÉE D'ORIGAN FRAIS

— POIVRE DU MOULIN

PRÉPARATION

1- Préchauffer le four à 260 °C (500 °F).

2- Abaisser la pâte à pizza sur un plan de travail fariné. La déposer sur une plaque de cuisson préalablement graissée (vous pouvez aussi utiliser une pierre à pizza chaude ou une grille à pizza).

3- Verser l'huile sur la pâte et l'étendre partout, jusqu'au bord! Répartir l'ail et saupoudrer d'épices italiennes, au goût. Couvrir la pizza de tomates cerises, puis les enterrer de parmesan! Poivrer à souhait.

4- Cuire au four de 10 à 12 minutes ou jusqu'à ce que la croûte soit bien dorée. Terminer la cuisson à broil pendant quelques instants pour dorer le fromage, si nécessaire. Sortir du four et ajouter une poignée d'origan frais juste avant de servir.

± 15$ | **CECCHI CHIANTI**
Un chianti classique, frais et digeste, aux parfums de cerise rouge mûre. À servir légèrement frais pour se sentir en Italie…

± 20$ | **PIO CESARE DOLCETTO D'ALBA 2014**
Un vin du Piémont fait avec un cépage local nommé dolcetto, aux parfums de petits fruits rouges et de pivoine.

SOUPE CRÉMEUSE AU POISSON ET AU MAÏS

PRÉPARATION	CUISSON	DIFFICULTÉ	PORTIONS
30 min	35 min	facile	4

Cette soupe-repas est incroyablement bonne et réconfortante. Elle est parfaite les jours de pluie ou lorsqu'on a passé la journée dehors à ramasser des feuilles ! Un repas qui me rappelle mes voyages en Islande, avec des ingrédients simples, frais et goûteux.

INGRÉDIENTS

—

— 1 C. À SOUPE D'HUILE D'OLIVE

— 5 TRANCHES DE BACON COUPÉES EN GROS MORCEAUX

— 1 BLANC DE POIREAU TRANCHÉ

— 2 GOUSSES D'AIL HACHÉES FINEMENT

— 3 PATATES RUSSET PELÉES ET COUPÉES EN CUBES

— 80 ML (⅓ TASSE) DE VIN BLANC

— 1,5 LITRE (6 TASSES) DE BOUILLON DE POULET

— 500 ML (2 TASSES) DE GRAINS DE MAÏS SURGELÉS

— 1 FILET DE SAUMON D'ENVIRON 250 G (½ LB) SANS LA PEAU, COUPÉ EN GROS MORCEAUX

— 2 FILETS DE TILAPIA, SOIT ENVIRON 250 G (½ LB) EN TOUT, COUPÉS EN GROS MORCEAUX

— 1 CONTENANT DE 237 ML (1 TASSE ENVIRON) DE CRÈME CHAMPÊTRE 15 %

— SEL ET POIVRE DU MOULIN

PRÉPARATION

—

1- Dans une grande casserole chauffée à feu moyen, verser l'huile d'olive. Ajouter le bacon et cuire 5 minutes en remuant régulièrement. Égoutter le gras.

2- Ajouter le poireau et l'ail. Saler, poivrer et poursuivre la cuisson 3 minutes. Ajouter les patates et cuire encore 3 minutes.

3- Verser le.vin blanc, bien mélanger et cuire 2 minutes. Verser le bouillon de poulet, amener à ébullition, puis réduire le feu et laisser mijoter 15 minutes.

4- Ajouter le maïs, le saumon, le tilapia et mélanger délicatement. Poursuivre la cuisson 5 minutes. Retirer du feu. Ajouter la crème et mélanger délicatement encore une fois. Goûter et rectifier l'assaisonnement, au besoin.

± 15 $ | **BORSAO BLANCO SELECCION 2014**
Un blanc espagnol doté d'une texture enrobée et d'un profil aromatique qui peut évoquer certains chardonnays !

± 20 $ | **MISSION HILL RESERVE CHARDONNAY 2014**
Produit dans la vallée de l'Okanagan, en Colombie-Britannique, ce chardonnay peut rappeler certains vins américains du même cépage.

Islande

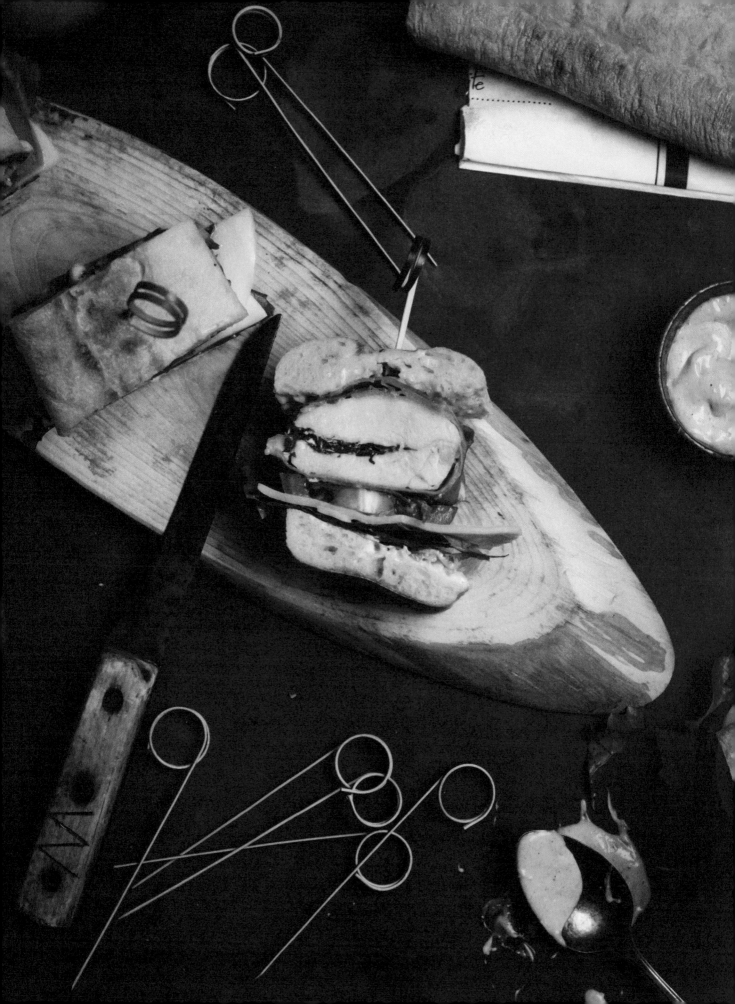

SANDWICH AVEC POITRINE DE POULET FARCIE AU FROMAGE ET À LA ROQUETTE

 PRÉPARATION: 35 min
CUISSON: 30 min

 DIFFICULTÉ: facile

 PORTIONS: 4

INGRÉDIENTS

MAYONNAISE AU CARI

- 125 ML (½ TASSE) DE MAYONNAISE
- 1 C. À CAFÉ DE CARI MOULU
- ½ C. À CAFÉ DE SRIRACHA
- SEL ET POIVRE DU MOULIN

SANDWICH

- 2 POITRINES DE POULET D'ENVIRON 200 G (7 OZ) CHACUNE
- 4 TRANCHES DE FROMAGE CHEDDAR FORT VIEILLI
- ROQUETTE FRAÎCHE
- HERBES DE PROVENCE
- 6 TRANCHES DE PROSCIUTTO
- 1 BAGUETTE DE PAIN CIABATTA ULTRA-FRAÎCHE
- 60 ML (¼ TASSE) DE MAYONNAISE
- 6 FEUILLES DE LAITUE
- 4 TRANCHES DE FROMAGE PROVOLONE
- 6 TRANCHES DE TOMATE

PRÉPARATION

MAYONNAISE AU CARI

1- Dans un bol, mettre tous les ingrédients de la mayonnaise, puis saler et poivrer. Bien mélanger et réserver au frigo.

SANDWICH

1- Préchauffer le four à 190 °C (375 °F).

2- Ouvrir les poitrines de poulet en portefeuille et déposer 2 tranches de fromage cheddar dans chacune. Ajouter une bonne poignée de roquette et saupoudrer d'herbes de Provence. Refermer les poitrines et bien appuyer pour les aplatir et compacter la roquette. Enrober chaque poitrine de 3 tranches de prosciutto en serrant bien.

3- Déposer les poitrines sur une plaque de cuisson. Cuire au four de 25 à 30 minutes ou jusqu'à ce que le poulet ne soit plus rosé à l'intérieur.

4- Couper 2 morceaux de baguette de la longueur des poitrines et les ouvrir en deux. Badigeonner un côté de la mayonnaise régulière et l'autre de la mayonnaise au cari. Mettre 3 feuilles de laitue sur la mayonnaise régulière suivies de 2 tranches de provolone et de 3 tranches de tomate. Déposer la géante poitrine de poulet et refermer le sandwich. Couper chaque sandwich en trois parts et les piquer avec de grands cure-dents!

± 15$ | **VIGNOBLE RIVIÈRE DU CHÊNE CUVÉE WILLIAM 2014**
Un vin de chez nous produit en assemblant plusieurs cépages. C'est souple et digeste à souhait, avec des notes de framboise, de fleurs et de poivre!

± 20$ | **ALBERT BICHOT PINOT NOIR VIEILLES VIGNES**
Ça sent la fraise, les fleurs et la terre fraîche! Le vin qu'on a envie de boire pendant le pique-nique, avec ce sandwich de course!

SAUCE BOLOGNAISE À LA COUP DE GRÂCE

 PRÉPARATION : 30 min
CUISSON : 30 min

 DIFFICULTÉ :
facile

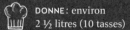 **DONNE :** environ
2 ½ litres (10 tasses)

Cette sauce bolognaise est indispensable dans votre cuisine ! La bière Don de Dieu lui ajoute vraiment un punch que j'adore. Elle ne demande pas trop de temps à préparer et donne une quantité suffisante pour que vous puissiez en congeler une partie !

INGRÉDIENTS

— HUILE D'OLIVE

— 1 OIGNON ESPAGNOL HACHÉ FINEMENT

— 4 GOUSSES D'AIL HACHÉES FINEMENT

— 2 GROSSES CAROTTES COUPÉES EN DÉS

— 450 G (1 LB) DE PORC HACHÉ

— 2 SAUCISSES ITALIENNES À SAVEUR DE CHORIZO, COUPÉES EN MORCEAUX

— 125 ML (½ TASSE) DE BIÈRE DON DE DIEU D'UNIBROUE (OU AUTRE BIÈRE BLONDE FORTE)

— 1 BOÎTE DE 398 ML (14 OZ) DE SAUCE TOMATE HUNT'S AUX OIGNONS ET FINES HERBES

— 1 BOÎTE DE 156 ML (5 ½ OZ) DE PÂTE DE TOMATES AUX FINES HERBES

— 1 PINCÉE DE MUSCADE

— 1 PINCÉE DE PIMENTS FORTS BROYÉS

— 10 CHAMPIGNONS BLANCS COUPÉS EN DEUX

— 125 ML (½ TASSE) DE PARMESAN FRAIS RÂPÉ

— 60 ML (¼ TASSE) DE CRÈME CHAMPÊTRE 15 %

— SEL ET POIVRE DU MOULIN

PRÉPARATION

1- Dans une grande casserole chauffée à feu moyen, verser un filet d'huile et faire revenir l'oignon, l'ail et les carottes de 7 à 8 minutes ou jusqu'à ce que les légumes soient tendres. Saler et poivrer. Remuer fréquemment.

2- Ajouter le porc et la saucisse et cuire, en les défaisant en petits morceaux, de 6 à 7 minutes ou jusqu'à ce qu'ils soient légèrement rosés. Égoutter le gras.

3- Verser la bière, saler et poivrer, puis bien mélanger. Réduire à feu moyen.

4- Ajouter la sauce et la pâte de tomates, la muscade, les piments et les champignons, puis bien mélanger. Laisser mijoter 10 minutes.

5- Incorporer le parmesan et la crème. Cuire 2 autres minutes et le tour est joué !

± 15 $ | **CARPINETO DOGAJOLO**

Une référence incontournable sur les tablettes de la SAQ ! Un assemblage hyper intéressant aux accents de cerise mûre, de tabac et d'épices douces. Il deviendra un habitué de vos plats de pasta !

± 20 $ | **ANTINORI PEPPOLI 2014**

Un chianti de course de la maison Antinori. Pasta, chianti, elle est pas belle, la vie ?

Il est conseillé d'ajouter un peu d'eau pour allonger cette sauce. Mon truc est de déposer une bonne quantité de pâtes fraîches cuites (genre tagliatelles ou pappardelles) dans une poêle chaude et de verser plein de sauce dessus. J'ajoute ensuite environ 60 ml (1/4 tasse) d'eau de cuisson et je fais cuire 2 à 3 minutes en mélangeant jusqu'à ce que les pâtes soient bien enrobées !

SOUPE AUX LENTILLES AVEC COURGE SPAGHETTI

 PRÉPARATION: 30 min
CUISSON: 25 min

 DIFFICULTÉ:
facile

 PORTIONS: 6

INGRÉDIENTS

— HUILE D'OLIVE

— 3 BRANCHES DE CÉLERI TRANCHÉES

— 3 GROSSES CAROTTES TRANCHÉES EN DEMI-RONDELLES

— 1 OIGNON ESPAGNOL HACHÉ FINEMENT

— 1 C. À CAFÉ DE THYM SÉCHÉ

— 1 C. À CAFÉ DE PERSIL SÉCHÉ

— 3 LITRES (12 TASSES) DE BOUILLON DE POULET
(OU DE BOUILLON DE LÉGUMES)

— 1 BRANCHE DE CITRONNELLE COUPÉE EN DEUX ET MARTELÉE

— 750 ML (3 TASSES) DE FEUILLES DE CHOU FRISÉ (*KALE*)
HACHÉES GROSSIÈREMENT

— 1 BOÎTE DE 540 ML (19 OZ) DE LENTILLES BIEN RINCÉES

— 500 ML (2 TASSES) DE CHAIR DE COURGE SPAGHETTI
CUITE ET EFFILOCHÉE

— SEL ET POIVRE DU MOULIN

PRÉPARATION

1- Dans une grande casserole chauffée à feu moyen, verser 2 c. à soupe d'huile d'olive. Ajouter le céleri, les carottes, l'oignon, le thym et le persil. Faire revenir de 7 à 8 minutes en mélangeant régulièrement.

2- Ajouter le bouillon et la citronnelle, et bien mélanger. Amener à ébullition et réduire le feu. Laisser mijoter à couvert, à faibles bouillons, pendant 15 minutes.

3- Fermer le feu et ajouter le chou frisé, les lentilles et la courge spaghetti, puis bien mélanger. Goûter et rectifier l'assaisonnement, si nécessaire.

± 15$ | **LE BOIS DES CHÊNES BEAUJOLAIS**
Tout ce qu'on aime du gamay, le fameux cépage des beaujolais, à bon prix! Fraise, pivoine, fraîcheur...

± 20$ | **CHÂTEAU DE CARTES MARQUETTE 2013**
Plusieurs producteurs de chez nous cultivent désormais le cépage marquette qui donne des vins séduisants aux accents floraux et poivrés. À découvrir!

TACOS DE POISSON AVEC SALSA À LA POIRE

PRÉPARATION	CUISSON	DIFFICULTÉ	PORTIONS
40 min	5 min	moyen	4

INGRÉDIENTS

AÏOLI

— 250 ML (1 TASSE) DE CRÈME SURE 14 %

— 3 GOUSSES D'AIL HACHÉES FINEMENT

— LE JUS DE ½ LIME

— 1 C. À SOUPE DE BIÈRE ÉPHÉMÈRE POIRE D'UNIBROUE (FACULTATIF)

— ½ C. À CAFÉ DE CUMIN

— SEL ET POIVRE DU MOULIN

SALSA À LA POIRE

— 1 CASSEAU DE 250 G (9 OZ) DE TOMATES CERISES COUPÉES EN PETITS CUBES

— 3 C. À SOUPE D'OIGNON ROUGE HACHÉ FINEMENT

— 125 ML (½ TASSE) DE CORIANDRE FRAÎCHE HACHÉE FINEMENT

— 80 ML (⅓ TASSE) DE POIRE BARTLETT PELÉE ET HACHÉE FINEMENT

— 80 ML (⅓ TASSE) DE MANGUE PELÉE ET HACHÉE FINEMENT

— LE JUS DE ½ LIME

— 1 C. À CAFÉ D'HUILE D'OLIVE

— SEL ET POIVRE DU MOULIN

TACOS DE POISSON

— 500 G (1 LB) D'AIGLEFIN OU DE MORUE

— 125 ML (½ TASSE) DE BIÈRE ÉPHÉMÈRE POIRE D'UNIBROUE (OU AUTRE BIÈRE BLANCHE)

— 1 PETIT PIMENT CHILI HACHÉ FINEMENT

— 1 OIGNON VERT HACHÉ FINEMENT

— LE JUS DE ½ LIME

— 1 FILET D'HUILE D'OLIVE

— 8 TORTILLAS SOUPLES RÉCHAUFFÉES

— 2 C. À SOUPE DE CROUSTILLES DE MAÏS CONCASSÉES (POUR LE SERVICE)

— 375 ML (1 ½ TASSE) DE SALSA À LA POIRE (VOIR RECETTE CI-DESSUS)

— MÉLANGE DE SALADE DE CHOU COLORÉE (SANS VINAIGRETTE)

— CORIANDRE FRAÎCHE

— SEL ET POIVRE DU MOULIN

PRÉPARATION

AÏOLI

1- Dans un bol, mettre tous les ingrédients de l'aïoli, puis saler et poivrer. Bien mélanger et réserver au frigo.

SALSA À LA POIRE

1- Dans un bol, mettre tous les ingrédients et bien mélanger. Déposer au frigo pour environ 20 minutes.

TACOS DE POISSON

1- Déposer le poisson dans un plat hermétique et verser la bière dessus. Ajouter le piment, l'oignon vert et le jus de lime, puis refermer le plat. Bien mélanger et déposer au frigo pour 20 minutes.

2- Dans une grande poêle chauffée à température moyenne, verser un filet d'huile d'olive. Bien égoutter le poisson et le cuire dans la poêle pendant environ 5 minutes ou jusqu'à ce qu'il se défasse facilement à la fourchette. Saler, poivrer et défaire la chair en morceaux. Réserver dans un bol.

3- Au centre d'une tortilla chaude, étendre environ 2 c. à soupe d'aïoli et saupoudrer 1 c. à café de croustilles de maïs concassées. Déposer du poisson et poursuivre avec environ 3 c. à soupe de salsa. Garnir d'une petite poignée de salade de chou et ajouter de la coriandre fraîche sur le dessus !

± 15 $ | **MONKEY BAY SAUVIGNON BLANC**

Un sauvignon néo-zélandais typique, avec des accents d'agrumes intenses et un caractère demi-sec qui lui donne juste assez de texture.

± 20 $ | **HUGEL RIESLING 2014**

De l'excellente maison alsacienne Hugel, un riesling sec et frais au parfum de citron.

TARTE À LA COURGE, AUX OIGNONS CARAMÉLISÉS ET AU FROMAGE DE CHÈVRE

 PRÉPARATION : 45 min
CUISSON : 1 h 10 min

 DIFFICULTÉ :
facile

 PORTIONS : 4 à 6

INGRÉDIENTS

— 500 ML (2 TASSES) DE COURGE POIVRÉE COUPÉE EN GROS CUBES

— 500 ML (2 TASSES) DE COURGE BUTTERNUT COUPÉE EN LANIÈRES

— 5 C. À SOUPE D'HUILE D'OLIVE (ENVIRON)

— ½ C. À CAFÉ D'HERBES DE PROVENCE

— 2 OIGNONS ROUGES EN TRANCHES

— 1 PAQUET DE 454 G (1 LB) DE PÂTE PHYLLO

— 125 ML (½ TASSE) DE BEURRE DEMI-SEL FONDU

— 200 G (7 OZ) DE FROMAGE DE CHÈVRE AUX FINES HERBES NON AFFINÉ À PÂTE MOLLE, ÉMIETTÉ

— ROQUETTE

— CRÈME DE VINAIGRE BALSAMIQUE

— SEL ET POIVRE DU MOULIN

PRÉPARATION

1- Préchauffer le four à 200 °C (400 °F).

2- Déposer les courges sur une grande plaque de cuisson et arroser d'environ 3 c. à soupe d'huile d'olive. Saupoudrer des herbes de Provence, saler, poivrer et bien mélanger. Cuire au four pendant environ 30 minutes ou jusqu'à ce que la courge soit tendre. Remuer de temps à autre.

3- Pendant ce temps, dans une grande poêle chauffée à feu moyen-doux, mettre 2 c. à soupe d'huile d'olive. Ajouter les oignons et cuire de 10 à 12 minutes pour les faire caraméliser doucement. Retirer du feu et réserver.

4- Sur une grande plaque de cuisson recouverte de papier parchemin, déposer une feuille de pâte phyllo et la badigeonner légèrement du beurre fondu. Déposer une autre feuille de pâte et badigeonner aussi de beurre. Répéter avec les autres feuilles du paquet. Replier légèrement les rebords de la pâte pour former une croûte et la badigeonner de beurre.

5- Répartir les courges, les oignons et le fromage de chèvre sur la pâte phyllo. Cuire au four 30 minutes ou jusqu'à ce que la pâte soit bien dorée.

6- Sortir du four et laisser refroidir environ 5 minutes. Ajouter une bonne poignée de roquette fraîche et un filet de crème de vinaigre balsamique sur le dessus de la tarte avant de servir !

± 15 $ | **MASCIARELLI TREBBIANO D'ABRUZZO 2014**
Cette maison figure parmi les meilleures de la région des Abruzzes, et ce trebbiano sur la pomme et les fruits mûrs est frais, digeste et élégant.

± 20 $ | **RODNEY STRONG SONOMA CHARDONNAY**
Ce chardonnay américain à la texture enrobée et aux notes de beurre rendra hommage au caractère crémeux de la courge.

TORTIGLIONIS AVEC SAUCE AUX TOMATES, MERGUEZ ET FROMAGE FÉTA

 PRÉPARATION : 15 min
CUISSON : 35 min

 DIFFICULTÉ : facile

 **PORTIONS :** 4 à 6

INGRÉDIENTS

— 450 G (1 LB) DE TORTIGLIONIS
(PÂTES EN FORME DE TUBES, LA VERSION ONDULÉES)

— 2 C. À CAFÉ D'HUILE D'OLIVE (ENVIRON)

— 3 GROSSES GOUSSES D'AIL HACHÉES FINEMENT

— 2 ÉCHALOTES FRANÇAISES HACHÉES FINEMENT

— 2 C. À SOUPE DE VIN BLANC

— 150 G (1 TASSE) D'OLIVES NOIRES TRANCHÉES
(SI POSSIBLE LES ESPAGNOLES D'ANDALOUSIE :
LES MEILLEURES DU MONDE !)

— 1 BOÎTE DE 796 ML (28 OZ) DE TOMATES ITALIENNES
ENTIÈRES AVEC FEUILLES DE BASILIC
(IDÉALEMENT LES SAN MARZANO)

— 3 TOMATES COUPÉES EN GROS DÉS

— 2 C. À SOUPE DE PÂTE DE TOMATES

— ½ C. À CAFÉ D'ORIGAN SÉCHÉ

— UNE POIGNÉE DE PERSIL PLAT FRAIS HACHÉ
(RÉSERVER UNE PARTIE POUR LE SERVICE)

— 6 MERGUEZ D'AGNEAU CUITES, SOIT ENVIRON
500 G (1 LB) EN TOUT

— 200 G (1 ⅓ TASSE) DE FROMAGE FÉTA COUPÉ EN CUBES
(RÉSERVER UNE PARTIE POUR LE SERVICE)

PRÉPARATION

1- Dans une grande casserole d'eau bouillante salée, cuire les pâtes selon les instructions sur la boîte, jusqu'à ce qu'elles soient *al dente*. Égoutter et réserver dans la passoire.

2- Dans la même casserole chauffée à feu moyen, mettre l'huile d'olive, l'ail et l'échalote, et cuire 3 minutes. Verser le vin blanc, ajouter les olives et poursuivre la cuisson pendant 2 minutes, en remuant. Ajouter les tomates en boîte, les tomates fraîches, la pâte de tomates, l'origan séché et la moitié du persil. Bien mélanger, saler et poivrer. Cuire pendant 12 minutes en défaisant les tomates en petits morceaux.

3- Ajouter les pâtes réservées et les merguez, et poursuivre la cuisson de 3 à 4 minutes. Mélanger régulièrement question de bien les enrober de sauce !

4- Lancer la féta et le reste du persil sur le tout. Cuire pendant 1 minute en mélangeant délicatement. Servir dans de grands bols à pâtes, garnir de persil et de féta émiettée !

± 15$ | **ARANLEON BLÉS CRIANZA**
Un vin espagnol aux notes boisées effacées, mettant de l'avant le fruit et les épices.

± 20$ | **TAURINO NOTARPANARO 2007**
Quel beau vin ! Toujours vendu alors qu'il a quelques années de bouteilles, le Notarpanaro est produit dans la région des Pouilles, le talon de la botte italienne !

**Faites-vous plaisir et allez chez votre boucher pour acheter de bonnes merguez d'agneau.
Ça fera toute la différence, je vous le garantis !**

Chou-fleur grillé au parmesan

À-CÔTÉS

POUR VOUS METTRE L'EAU À LA BOUCHE

ET ENCORE PLUS !

CHOU-FLEUR GRILLÉ AU PARMESAN

 PRÉPARATION : 10 min
CUISSON : 25 min

 DIFFICULTÉ :
facile

 PORTIONS : 4

INGRÉDIENTS

— 1 CHOU-FLEUR COUPÉ EN TRANCHES DE 1,5 CM (½ PO)

— 160 G (1 ½ TASSE) DE PARMESAN RÂPÉ

— 1 C. À SOUPE DE PAPRIKA DOUX FUMÉ

— 1 C. À SOUPE DE FEUILLES DE THYM FRAIS

— 3 C. À SOUPE D'HUILE D'OLIVE

— SEL ET POIVRE DU MOULIN

PRÉPARATION

1- Préchauffer le four à 200 °C (400 °F).

2- Défaire les tranches de chou-fleur en fleurons de grosseur moyenne et les déposer dans un très grand bol.

3- Ajouter 50 g (½ tasse) du parmesan, le paprika, le thym et l'huile d'olive, puis saler et poivrer. Bien mélanger pour enrober le chou-fleur.

4- Répartir sur une grande plaque de cuisson. Déposer au four et cuire 15 minutes.

5- Retourner les fleurons, puis les couvrir du parmesan restant. Remettre au four pour 10 minutes et le tour est joué !

SALADE TIÈDE DES VIKINGS

 PRÉPARATION: 30 min
CUISSON: 30 min

 DIFFICULTÉ:
facile

 PORTIONS: 4

INGRÉDIENTS

— 680 G (1 ½ LB) DE PATATES GRELOTS COUPÉES EN DEUX

— 8 TRANCHES DE BACON ÉPAISSES COUPÉES
EN GROS RECTANGLES

— HUILE D'OLIVE

— 1 OIGNON ESPAGNOL COUPÉ EN GROS CUBES

— 320 G (11 OZ) DE HARICOTS VERTS ÉQUEUTÉS,
COUPÉS EN DEUX

— SEL ET POIVRE DU MOULIN

PRÉPARATION

1- Dans une grande casserole, amener une bonne quantité d'eau à ébullition et faire cuire les patates de 6 à 7 minutes ou jusqu'à ce qu'elles soient cuites, mais toujours fermes. Égoutter et réserver.

2- Pendant ce temps, dans une grande poêle chauffée à feu moyen, faire cuire le bacon environ 10 minutes ou jusqu'à ce qu'il soit légèrement croustillant. Égoutter presque tout le gras (mais gardez-en quand même un peu!). Réserver dans la poêle.

3- Ajouter les patates et les oignons dans la poêle avec un petit filet d'huile d'olive. Cuire 5 minutes, en remuant régulièrement.

4- Ajouter les haricots et cuire de 3 à 4 minutes ou jusqu'à ce qu'ils soient cuits, mais encore croquants. Saler, poivrer et remuer fréquemment.

5- Retirer du feu et couvrir. Laisser reposer 5 minutes avant de servir!

SALADE D'ORGE À L'ITALIENNE

 PRÉPARATION : 30 min
CUISSON : 55 min

 DIFFICULTÉ :
facile

 PORTIONS : 6

J'ai fait la découverte de cette salade dans le Chianti, en Toscane. J'étais à une dégustation de vin à l'extérieur, juste en face des vignobles. Il était environ 14 h, j'étais pompette et tellement heureux ! Voici mon adaptation, ou enfin ce dont je me souviens...

INGRÉDIENTS

— 375 ML (1 ½ TASSE) D'ORGE PERLÉ NON CUIT

— 60 ML (¼ TASSE) D'HUILE D'OLIVE (ENVIRON)

— 1 ÉCHALOTE FRANÇAISE HACHÉE FINEMENT

— 1 ½ POIVRON ROUGE COUPÉ EN LANIÈRES, PUIS EN DEUX

— 1 BOÎTE DE 540 ML (19 OZ) DE POIS CHICHES, BIEN RINCÉS

— 20 OLIVES VERTES GÉANTES DÉNOYAUTÉES COUPÉES EN DEUX

— 10 BRINS DE CIBOULETTE FRAÎCHE HACHÉS FINEMENT

— 2 TOMATES FRAÎCHES COUPÉES EN GROS CUBES

— 1 BOULE DE 300 G (10 OZ) DE FROMAGE MOZZARELLA DI BUFALA

— VINAIGRE BALSAMIQUE

— FLEUR DE SEL

PRÉPARATION

1- Rincer l'orge perlé et réserver.

2- Dans une grande casserole chauffée à feu moyen, mettre 1 c. à soupe de l'huile d'olive et faire revenir l'échalote de 2 à 3 minutes. Ajouter l'orge, bien mélanger et poursuivre la cuisson 1 minute.

3- Verser suffisamment d'eau pour couvrir l'orge d'environ 5 cm (2 po) et mélanger. Amener à ébullition, réduire le feu et laisser mijoter à couvert de 35 à 40 minutes ou jusqu'à ce que l'orge soit tendre. (Si l'orge perlé n'est pas encore entièrement cuit et qu'il manque d'eau, ajoutez-en un peu et poursuivez la cuisson quelques minutes.) Lancer l'orge dans une passoire, rincer à l'eau tiède et bien égoutter. Verser dans un grand saladier, arroser d'un bon filet d'huile d'olive (environ 3 c. à soupe) et mélanger.

4- Dans une grande poêle chauffée à feu moyen, verser 2 c. à café de l'huile d'olive. Ajouter le poivron et faire sauter de 4 à 5 minutes ou jusqu'à ce qu'il soit cuit, mais encore croquant. Saler, poivrer et ajouter dans le saladier.

5- Dans la même poêle, toujours à feu moyen, mettre les pois chiches et les faire dorer de 4 à 5 minutes pour en faire ressortir les saveurs, en remuant souvent. Ajouter dans le saladier avec les olives et la ciboulette. Saler, poivrer et bien mélanger le tout.

6- Répartir dans les assiettes, déposer quelques cubes de tomate, puis du fromage mozzarella sur le dessus. Arroser d'un filet d'huile d'olive (environ 2 c. à soupe), de vinaigre balsamique et garnir de fleur de sel juste avant de servir !

Cette salade doit se manger tiède. Laissez-la revenir à la température ambiante si vous avez des restants au frigo. Elle peut aussi faire un excellent plat principal végétarien !

Italie

septembre 2015

HARICOTS VERTS AU VIN BLANC ET AU CITRON

 PRÉPARATION : 15 min
CUISSON : 15 min

 DIFFICULTÉ :
facile

 PORTIONS : 4

INGRÉDIENTS

— 3 C. À SOUPE DE BEURRE

— 600 G (20 OZ) DE HARICOTS VERTS ÉQUEUTÉS ET COUPÉS EN DEUX

— 2 C. À SOUPE DE VIN BLANC

— LE ZESTE DE 1 CITRON + UN PEU POUR GARNIR

— SEL ET POIVRE DU MOULIN

PRÉPARATION

1- Dans une grande poêle chauffée à feu moyen-élevé, faire fondre le beurre et ajouter les haricots. Bien enrober et faire sauter 5 minutes.

2- Ajouter le vin blanc et le zeste de citron. Saler et poivrer. Mélanger et poursuivre la cuisson de 4 à 5 minutes ou jusqu'à ce que les haricots soient cuits, mais encore croquants ! Garnir de zeste de citron avant de servir.

PAINS BRIOCHÉS MAISON AU FROMAGE

 PRÉPARATION: 45 min
CUISSON: 12 min

 DIFFICULTÉ:
moyen

 PORTIONS: 12

INGRÉDIENTS

— 310 ML (1 ¼ TASSE) DE LAIT CHAUD

— 2 C. À SOUPE DE SUCRE

— 2 C. À SOUPE DE LEVURE INSTANTANÉE

— 80 ML (⅓ TASSE) DE BEURRE DEMI-SEL, FONDU

— 1 GROS ŒUF

— 810 ML (3 ¼ TASSES) DE FARINE TOUT USAGE NON BLANCHIE
+ UN PEU POUR LE PÉTRISSAGE

— UNE BONNE PINCÉE DE SEL

— 250 ML (1 TASSE) DE CHEDDAR FORT COUPÉ EN CUBES

— 1 ŒUF BATTU

— 190 ML (¾ TASSE) DE CHEDDAR FORT RÂPÉ

— ÉPICES ITALIENNES

PRÉPARATION

1- Préchauffer le four à 220 °C (425 °F). Tapisser une plaque de cuisson de papier parchemin.

2- Dans un grand bol, mettre le lait, le sucre, la levure, le beurre et l'œuf. Bien fouetter pour dissoudre la levure. Ajouter la farine et le sel, puis mélanger pour obtenir une pâte.

3- Déposer la pâte sur un plan de travail bien fariné et pétrir pendant 5 minutes en ajoutant de la farine (un peu à la fois) jusqu'à ce que la pâte ne colle plus aux mains. Ajouter les cubes de fromage et pétrir encore pendant quelques minutes pour bien le répartir.

4- Séparer la pâte en 10 pour faire des pains hamburgers ou en 12 pour des petits pains d'accompagnement. Former des boules bien rondes et les déposer sur la plaque de cuisson. Couvrir d'une pellicule plastique et laisser gonfler 10 minutes.

5- Retirer la pellicule plastique et badigeonner le dessus des pains avec l'œuf battu. Répartir le fromage râpé sur les pains, puis saupoudrer un peu d'épices italiennes sur chacun.

6- Déposer au four et cuire de 10 à 12 minutes ou jusqu'à ce que le pain soit bien doré sur le dessus! Laisser reposer quelques minutes avant de dévorer en sauvage!

J'adore faire ces petits pains pour accompagner un chili ou un spaghetti. S'il en reste, congelez-les dans un sac Ziploc, tout simplement! Pour ma recette de chili, visiter lecoupdegrace.ca!

PANZANELLA À LA ROQUETTE ET AU FENOUIL

 PRÉPARATION : 30 min
CUISSON : 5 min

 DIFFICULTÉ : facile

 PORTIONS : 6

Un plat typiquement italien auquel j'ai donné une petite variation intéressante avec le fenouil et la roquette. Ici, je l'ai mis en accompagnement, mais il m'arrive souvent de le manger au dîner, comme plat principal !

INGRÉDIENTS

— 1 BAGUETTE DE PAIN FRANÇAISE ULTRA-FRAÎCHE, COUPÉE EN GROS CUBES

— 4 C. À SOUPE D'HUILE D'OLIVE + UN PEU POUR SERVIR

— 1 C. À CAFÉ D'ÉPICES ITALIENNES

— 100 G (4 TASSES) DE ROQUETTE FRAÎCHE

— 1 CONTENANT DE 200 G (7 OZ) DE BOULES DE FROMAGE BOCCONCINI COCKTAIL (19 UNITÉS), COUPÉES EN DEUX

— 2 TOMATES, LES GRAINES RETIRÉES, COUPÉES EN CUBES

— 1 CONTENANT DE 255 G (9 OZ) DE TOMATES CERISES, COUPÉES EN DEUX

— 250 ML (1 TASSE) DE FENOUIL COUPÉ EN LANIÈRES MINCES

— ⅓ D'OIGNON ROUGE TRANCHÉ TRÈS FINEMENT

— VINAIGRE BALSAMIQUE

— SEL ET POIVRE DU MOULIN

PRÉPARATION

1- Dans un grand bol, mettre le pain, l'huile d'olive et les épices italiennes. Saler et poivrer, bien mélanger avec les mains et réserver.

2- Dans une grande poêle chauffée à feu moyen, faire revenir le pain de 4 à 5 minutes pour bien le colorer. Remuer de temps en temps. Retirer du feu et laisser refroidir 10 minutes.

3- Dans un autre grand bol ou un saladier, mettre la roquette, le fromage, les tomates, le fenouil, l'oignon et les croûtons. Ajouter un filet d'huile d'olive et de vinaigre balsamique, saler, poivrer et bien mélanger. Servir immédiatement avant que les croûtons ramollissent !

PATATES AU FOUR DE LUXE

 PRÉPARATION : 30 min
CUISSON : 1 h 10 min

 DIFFICULTÉ : facile

 PORTIONS : 4

INGRÉDIENTS

— 4 PATATES RUSSET LAVÉES

— HUILE D'OLIVE

— 12 TRANCHES DE BACON ÉPAISSES, CUITES ET CROUSTILLANTES, COUPÉES EN DEUX SUR LA LONGUEUR

— 375 ML (1 ½ TASSE) DE FROMAGE CHEDDAR FORT RÂPÉ

— 375 ML (1 ½ TASSE) DE FROMAGE GRUYÈRE DE LUXE RÂPÉ

— UNE PETITE POIGNÉE DE PERSIL FRAIS HACHÉ

— CRÈME SURE (FACULTATIF)

— SEL ET POIVRE DU MOULIN

PRÉPARATION

1- Préchauffer le four à 200 °C (400 °F).

2- Couper les patates en tranches d'environ 3 mm (⅛ po), mais attention : ne pas couper jusqu'au bout ! Conserver environ 1,5 cm (½ po) de la base pour que les patates se tiennent en un morceau. Déposer sur une plaque de cuisson.

3- Badigeonner les patates d'huile d'olive, puis saler et poivrer. Cuire au four 30 minutes. Badigeonner à nouveau d'huile, puis remettre au four pour 30 minutes ou jusqu'à ce que les patates soient tendres. Laisser refroidir quelques minutes sur la plaque.

4- Commencer l'assemblage : insérer du bacon dans les craques de la patate (environ 6 morceaux par patate). Enterrer chacune de fromage, soit environ 125 ml (½ tasse) par patate, puis garnir de persil.

5- Mettre le four à broil et cuire jusqu'à ce que le fromage soit bien fondu et doré !

Pour me faciliter la vie et pour éviter que je tranche la patate au complet, je colle le manche d'une cuillère en bois sur le côté de la patate. Je peux ainsi me concentrer à faire de belles tranches en sachant que mon couteau n'ira pas trop loin !

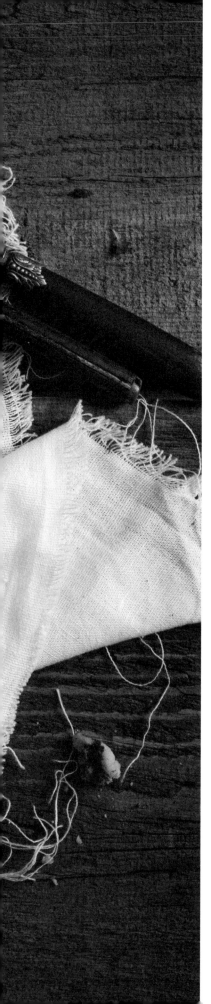

PORTOBELLOS FARCIS AU CHÈVRE ET AUX PACANES PRALINÉES

INGRÉDIENTS

— 250 G (9 OZ) DE FROMAGE DE CHÈVRE AUX FINES HERBES NON AFFINÉ À PÂTE MOLLE

— 60 ML (¼ TASSE) DE PACANES ENTIÈRES

— 60 ML (¼ TASSE) DE SIROP D'ÉRABLE

— 2 OIGNONS VERTS COUPÉS EN RONDELLES

— 4 GROS PORTOBELLOS FRAIS AVEC LA QUEUE

— HUILE D'OLIVE PIMENTÉE

— POIVRE DU MOULIN

PRÉPARATION

1- Dans un grand bol, défaire le fromage de chèvre en morceaux. Laisser ramollir sur le comptoir 20 minutes.

2- Pendant ce temps, dans une poêle chauffée à feu moyen, mettre les pacanes et le sirop. Laisser bouillir de 1 à 2 minutes en mélangeant souvent, jusqu'à ce que le sirop devienne légèrement épais. Retirer du feu et laisser refroidir 5 minutes.

3- Préchauffer le four à 200°C (400°F) ou préchauffer le barbecue à puissance élevée.

4- Mettre les pacanes sur une planche à découper et les hacher grossièrement. Ajouter les pacanes et les oignons verts au fromage. Poivrer et mélanger.

5- Placer les champignons dans une assiette d'aluminium. Retirer délicatement les queues des champignons et répartir le mélange dans le chapeau des portobellos. Remettre les queues en place et arroser d'un filet d'huile pimentée.

6- Cuire au four ou sur le barbecue (directement sur la grille) de 8 à 10 minutes ou jusqu'à ce que les champignons soient cuits et bien juteux!

PURÉE DE PANAIS ET DE PETITS POIS

 PRÉPARATION: 20 min
CUISSON: 30 min

 DIFFICULTÉ:
facile

 PORTIONS: 4

INGRÉDIENTS

— 454 G (1 LB) DE PANAIS PELÉS, COUPÉS EN PETITS CUBES

— 250 ML (1 TASSE) DE PETITS POIS VERTS SURGELÉS

— 2 C. À SOUPE DE BEURRE

— 160 ML (⅔ TASSE) DE CRÈME CHAMPÊTRE 15 %

PRÉPARATION

1- Dans une casserole remplie d'eau bouillante salée, faire cuire le panais et les petits pois de 25 à 30 minutes ou jusqu'à ce que le panais soit ultra-tendre. Égoutter et remettre dans la casserole. Saler et poivrer.

2- Ajouter le beurre et le faire fondre en mélangeant.

3- Verser la crème et réduire en une purée lisse à l'aide d'un bras mélangeur.

Cette purée est excellente avec des pièces de viande braisées comme mes joues de veau à l'orange (recette p. 172)!

SAUTÉ DE PETITS POIS ET D'ASPERGES AVEC PANCETTA GRILLÉE

 PRÉPARATION : 20 min
CUISSON : 25 min

 DIFFICULTÉ :
facile

 PORTIONS : 4

INGRÉDIENTS

— 3 C. À SOUPE D'HUILE D'OLIVE

— 350 G (12 OZ) DE PANCETTA EN TRANCHES ÉPAISSES, COUPÉE EN CUBES

— 2 ÉCHALOTES FRANÇAISES TRANCHÉES EN RONDELLES

— 500 ML (2 TASSES) DE PETITS POIS VERTS SURGELÉS

— 20 PETITES ASPERGES, LA QUEUE RETIRÉE, COUPÉES EN TRONÇONS DE 5 CM (2 PO)

— 10 FEUILLES D'ORIGAN FRAIS HACHÉES FINEMENT

— SEL ET POIVRE DU MOULIN

PRÉPARATION

1- Dans une poêle chauffée à feu moyen, verser 1 c. à café d'huile d'olive et faire revenir la pancetta de 6 à 8 minutes ou jusqu'à ce qu'elle soit croustillante. Égoutter et réserver dans un bol.

2- Dans la même poêle, ajouter 2 c. à café d'huile d'olive et faire revenir les échalotes 2 minutes. Ajouter les petits pois et les asperges, poivrer et augmenter à feu élevé. Faire sauter les légumes de 8 à 10 minutes ou jusqu'à ce que les asperges soient cuites, mais encore croquantes. Remuer souvent.

3- Ajouter la pancetta et les feuilles d'origan et poursuivre la cuisson 2 minutes. Mettre dans un plat de présentation et servir à vos invités !

Pommes farcies au crumble

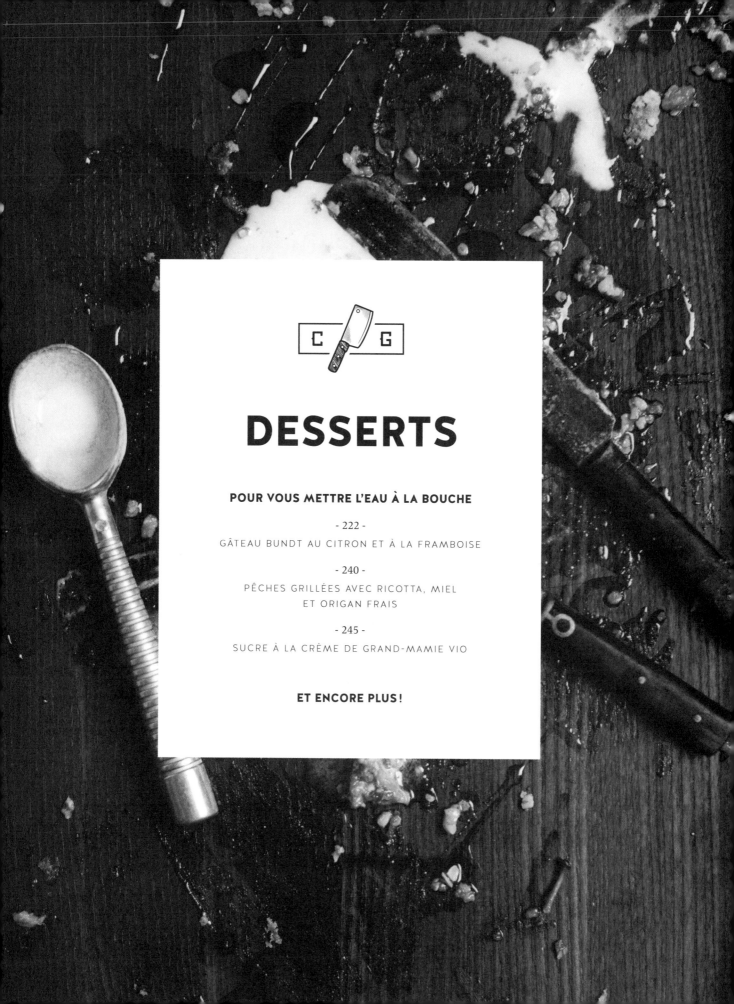

DESSERTS

POUR VOUS METTRE L'EAU À LA BOUCHE

- 222 -

GÂTEAU BUNDT AU CITRON ET À LA FRAMBOISE

- 240 -

PÊCHES GRILLÉES AVEC RICOTTA, MIEL
ET ORIGAN FRAIS

- 245 -

SUCRE À LA CRÈME DE GRAND-MAMIE VIO

ET ENCORE PLUS !

218

POMMES FARCIES AU CRUMBLE

 PRÉPARATION : 35 min
CUISSON : 25 min

 DIFFICULTÉ :
facile

 PORTIONS : 4

INGRÉDIENTS

— 80 ML (⅓ TASSE) DE PACANES
  HACHÉES GROSSIÈREMENT

— 4 GROSSES POMMES SPARTAN ENTIÈRES

— 60 ML (¼ TASSE) DE FARINE TOUT USAGE

— 80 ML (⅓ TASSE) DE FLOCONS D'AVOINE
  À CUISSON RAPIDE

— 80 ML (⅓ TASSE) DE CASSONADE
  + 2 C. À CAFÉ POUR LE DESSUS

— ½ C. À CAFÉ DE CANNELLE MOULUE

— UNE PINCÉE DE SEL

— 80 ML (⅓ TASSE) DE BEURRE FROID
  COUPÉ EN MINI-DÉS

— CRÈME GLACÉE À LA VANILLE (POUR LE SERVICE)

— SIROP D'ÉRABLE (POUR LE SERVICE)

PRÉPARATION

1- Préchauffer le four à 200 °F (400 °F). Tapisser une plaque de cuisson de papier parchemin.

2- Dans une poêle chauffée à feu moyen, griller les pacanes à sec de 1 à 2 minutes pour faire ressortir les saveurs. Retirer du feu et laisser refroidir.

3- Couper une tranche d'environ 1,5 cm (½ po) sur le dessus des pommes. Creuser l'intérieur pour enlever le cœur et suffisamment de la chair pour créer un bon bol (le trou doit avoir environ 8 cm/3 po de diamètre). Faire attention pour garder les rebords intacts ! Couper la chair retirée en petits dés pour en avoir 80 ml (⅓ tasse).

4- Dans un grand bol, combiner les dés de chair de pomme, la farine, l'avoine, la cassonade, la cannelle, le sel, le beurre (réserver quelques dés) et les pacanes. Remplir les pommes de ce mélange et placer les dés de beurre réservés sur le dessus. Saupoudrer ½ c. à café de cassonade sur chaque pomme.

5- Déposer les pommes sur la plaque de cuisson. Cuire au four 20 minutes ou jusqu'à ce que la garniture sur le dessus soit dorée. Laisser reposer 2 minutes. Garnir de crème glacée et arroser de sirop d'érable.

± 15 $ | **CONCHA Y TORO VENDANGES TARDIVES**
Une vendange tardive chilienne à bon prix, aux parfums d'ananas, d'abricot et d'agrumes confits.

± 30 $ | **DOMAINE LAFRANCE CUVÉE SPÉCIALE 2011**
Pour toucher à la quintessence de ce qu'on peut produire avec la pomme au Québec, cette cuvée prestige est tout simplement grandiose !

POUDING CHÔMEUR AU SORTILÈGE

PRÉPARATION: 25 min
CUISSON: 50 min

DIFFICULTÉ:
facile

PORTIONS: 6

Inspirée du livre secret de ma mère, ce pouding chômeur est le dessert parfait pour faire exploser votre ceinture! À servir avec un très grand verre de lait froid.

INGRÉDIENTS

SIROP

— 500 ML (2 TASSES) DE CASSONADE

— 160 ML (⅔ TASSE) D'EAU

— 1 C. À SOUPE DE BEURRE SALÉ

— 160 ML (⅔ TASSE) DE LIQUEUR SORTILÈGE

PÂTE

— 330 ML (1 ⅓ TASSE) DE FARINE TOUT USAGE

— 190 ML (¾ TASSE) DE SUCRE

— 3 C. À CAFÉ DE POUDRE À PÂTE

— ½ C. À CAFÉ DE SEL

— 80 ML (⅓ TASSE) DE BEURRE

— 1 ŒUF LÉGÈREMENT BATTU

— 190 ML (¾ TASSE) DE LAIT

— 1 BOUCHON DE SORTILÈGE

PRÉPARATION

1- Préchauffer le four à 180 °C (350 °F).

2- Dans un bol en verre allant au four à micro-ondes, combiner les ingrédients pour le sirop. Les chauffer au micro-ondes environ 4 minutes à puissance maximale. Bien mélanger et verser le sirop dans un plat carré (de style Pyrex) d'environ 23 x 23 cm (9 x 9 po).

3- Pour préparer la pâte, combiner la farine, le sucre, la poudre à pâte et le sel dans un bol. Ajouter le beurre et le défaire en petit morceaux avec vos mains.

4- Faire un petit puits au centre du mélange de farine et y verser l'œuf battu, le lait et le Sortilège. Mélanger juste assez pour humecter les ingrédients secs. Déposer la pâte sur le sirop chaud, une cuillerée à la fois, de manière à recouvrir la surface en entier.

5- Cuire au centre du four de 45 à 50 minutes ou jusqu'à ce qu'un cure-dent piqué dans la pâte en ressorte sec. Laisser refroidir 5 minutes avant de déguster!

± 30 $ | **SORTILÈGE**

Difficile de se tromper et, en plus, vous l'avez déjà à la maison. Ça peut aussi faire un super accord servi en café alcoolisé!

± 50 $ | **SORTILÈGE PRESTIGE**

Vous avez essayé le grand frère? Ce serait un sortilège (oups!), plutôt un sacrilège de l'utiliser dans la recette, mais pour l'accord, c'est parfait. L'utilisation d'un whisky canadien vieilli 7 ans donne à ce produit un caractère boisé et plus nuancé.

GÂTEAU BUNDT AU CITRON ET À LA FRAMBOISE

PRÉPARATION	CUISSON	DIFFICULTÉ	PORTIONS
1 h 30 min	50 min	moyen	8 à 10

INGRÉDIENTS

—

GLAÇAGE

— 250 ML (1 TASSE) DE SUCRE À GLACER

— 2 C. À SOUPE DE LAIT

— 1 C. À SOUPE DE JUS DE CITRON

GÂTEAU BUNDT

— 250 ML (1 TASSE) DE LAIT 3,25 %

— LES GRAINES DE 1 GOUSSE DE VANILLE FENDUE ET RACLÉE

— 60 ML (¼ TASSE) DE GRAINES DE PAVOT

— 690 ML (2 ¾ TASSES) DE FARINE TOUT USAGE

— ½ C. À CAFÉ DE BICARBONATE DE SOUDE

— ½ C. À CAFÉ DE POUDRE À PÂTE

— ½ C. À CAFÉ DE SEL

— 250 ML (1 TASSE) DE BEURRE NON SALÉ MOU + UN PEU POUR LE MOULE

— 250 ML (1 TASSE) DE CASSONADE

— 250 ML (1 TASSE) DE SUCRE BLANC

— 4 GROS ŒUFS

— LE ZESTE DE 5 CITRONS

— LE JUS DE 2 CITRONS

— 500 ML (2 TASSES) DE FRAMBOISES FRAÎCHES

PRÉPARATION

—

1- Préchauffer le four à 180 °C (350 °F).

2- Mettre les ingrédients du glaçage dans un bol et bien mélanger. Réserver sur le comptoir.

3- Dans une casserole chauffée à feu doux, mettre le lait et les graines de vanille, puis fouetter pour bien mélanger. Laisser infuser 5 minutes en mélangeant de temps en temps. Verser dans un bol et laisser refroidir 10 minutes.

4- Ajouter les graines de pavot dans le lait vanillé, mélanger et laisser tremper 30 minutes.

5- Dans un grand bol, mettre la farine, le bicarbonate de soude, la poudre à pâte et le sel, et bien mélanger avec un fouet. Réserver.

6- Dans le bol d'un batteur sur socle muni d'un fouet plat (ou dans un bol à l'aide d'une cuillère en bois et de vos bras bien musclés), mettre le beurre et battre pendant 1 minute à vitesse lente. Ajouter la cassonade et le sucre, augmenter à vitesse moyenne et mélanger pendant 2 minutes. Incorporer les œufs, le zeste et le jus de citron et fouetter 1 minute.

7- Ajouter le tiers des ingrédients secs dans le bol du batteur et mélanger pendant 30 secondes. Verser la moitié du mélange de lait et poursuivre pendant 30 secondes. Recommencer avec un tiers des ingrédients secs et le reste du lait et mélanger pendant 30 secondes. Terminer avec le dernier tiers des ingrédients secs et mélanger juste assez pour obtenir une consistance homogène.

8- Retirer le bol du batteur, ajouter 375 ml (1 ½ tasse) des framboises et mélanger délicatement en pliant.

9- Bien beurrer l'intérieur d'un moule à gâteau Bundt de 24 cm (9 ½ po) de diamètre et répartir le reste des framboises dans le fond. Verser le mélange à gâteau sur les framboises et étendre pour égaliser la surface.

10- Cuire au four environ 45 minutes ou jusqu'à ce qu'un cure-dent piqué au centre de la pâte en ressorte sec. Laisser refroidir pendant 15 minutes et démouler le gâteau à l'envers. Laisser refroidir complètement avant d'ajouter le glaçage et de servir !

± 15 $ | **COTEAU ROUGEMONT ROSE FRAMBOISE CIDRE AROMATISÉ**

Un produit renversant de Coteau Rougemont que ce cidre aromatisé à la framboise ! D'une grande finesse et légèrement doux, c'est un excellent choix pour accompagner ce gâteau.

± 30 $ | **CHÂTEAU JOLYS CUVÉE JEAN 2013**

Ce vin de dessert du sud-ouest de la France, aux parfums de fruits tropicaux, de citron confit et de miel, est super frais et digeste !

CRÈME BRÛLÉE À LA BIÈRE AUX CERISES

PRÉPARATION : 4 h
CUISSON : 45 min

DIFFICULTÉ :
difficile

PORTIONS : 6

Dans cette recette, suivez les mesures pile-poil !

INGRÉDIENTS

— 50 ML (10 C. À CAFÉ) DE LAIT

— ½ GOUSSE DE VANILLE

— 90 G (⅓ TASSE + 5 C. À CAFÉ) DE SUCRE
+ UN PEU POUR LA CROÛTE

— 5 JAUNES D'ŒUFS

— 350 ML (1 ⅓ TASSE + 4 C. À CAFÉ) DE CRÈME 35 %

— 50 ML (10 C. À CAFÉ) DE BIÈRE ÉPHÉMÈRE CERISE
D'UNIBROUE TIÈDE, SANS GAZ CARBONIQUE

PRÉPARATION

1- Préchauffer le four à 165 °C (325 °F).

2- Dans une petite casserole chauffée à feu moyen-doux, verser le lait. Fendre la demi-gousse de vanille sur la longueur, racler les graines et les ajouter au lait. Couper la gousse en 3 morceaux et les ajouter aussi. Faire infuser la vanille de 5 à 6 minutes, puis enlever les morceaux de gousse. Retirer du feu et réserver.

3- Dans un grand bol, fouetter énergiquement le sucre avec les jaunes d'œufs pendant environ 5 minutes ou jusqu'à ce que le mélange blanchisse. Ajouter la crème et bien mélanger.

4- Incorporer lentement le lait vanillé à la préparation d'œufs et mélanger pour faire fondre le sucre. Verser la bière et mélanger. Répartir la préparation dans 6 ramequins.

5- Dans un plat de cuisson à hauts rebords (de style Pyrex) ou une lèchefrite, déposer les ramequins et verser de l'eau chaude jusqu'à ce que les ¾ des ramequins soient dans l'eau. Mettre au four et cuire dans ce bain-marie pendant 45 minutes.

6- Retirer les ramequins de l'eau et les laisser refroidir 30 minutes. Le mélange ne sera pas complètement figé, c'est normal.

7- Déposer les ramequins au frigo pour au moins 3 heures afin que les crèmes soient complètement refroidies (pour un résultat optimal, laissez-les au frigo pendant 24 heures).

8- Au moment de servir, sortir les crèmes du frigo et saupoudrer 1 ½ c. à café de sucre sur chacune (faites un mouvement en rotation pour répartir le sucre uniformément). Idéalement, caraméliser la surface en utilisant une torche de cuisine ! Sinon, mettre les ramequins au four à broil (mais ça réchauffera votre crème…). Lorsque les crèmes sont « brûlées », attendre de 1 à 2 minutes pour laisser durcir la croûte caramélisée. La crème brûlée se mange froide à l'intérieur et chaude sur le dessus !

± 15 $ | **BARTENURA MALVASIA SALENTO 2014**

Avec ses accents muscatés et son faible taux d'alcool, il n'y a pas de raison de s'en priver en fin de repas ! Plus digeste que le porto, il est parfait pour terminer la soirée.

± 30 $ | **CUVÉE GLACÉE DES LAURENTIDES
VENDANGES TARDIVES 2013**

Une vendange tardive de… Saint-Eustache ! Attention, c'est une demi-bouteille, et elle se vide souvent assez rapidement. Plutôt bon signe !

Le temps de cuisson peut varier légèrement selon votre four et la taille de vos ramequins.

BANANES TEMPURA FARCIES AU *NUTELLA*

 PRÉPARATION: 40 min
CUISSON: 30 min

 DIFFICULTÉ:
moyen

 PORTIONS: 8

INGRÉDIENTS

— 60 ML (¼ TASSE) DE COPEAUX DE NOIX DE COCO NON SUCRÉS, HACHÉS

— 1 LITRE (4 TASSES) D'HUILE DE CANOLA

— 8 C. À CAFÉ DE NUTELLA (ENVIRON)

— 4 BANANES COUPÉES EN DEUX, PUIS CHAQUE MOITIÉ COUPÉE EN DEUX SUR LA LONGUEUR

— 250 ML (1 TASSE) DE MÉLANGE À TEMPURA EN POUDRE

— 190 ML (¾ TASSE) D'EAU GLACÉE

— CRÈME GLACÉE À LA VANILLE (POUR LE SERVICE)

PRÉPARATION

1- Préchauffer le four à 75 °C (170 °F).

2- Dans une poêle chauffée à feu moyen, mettre la noix de coco et la faire griller à sec pendant 1 minute en remuant sans cesse pour faire ressortir les saveurs (elle deviendra légèrement dorée). Réserver dans une assiette.

3- Dans une casserole chauffée à feu moyen, verser l'huile et amener celle-ci à une température de 180 °F (350 °F).

4- Pendant ce temps, étendre environ 1 c. à café de Nutella sur le côté intérieur d'une moitié de banane, déposer l'autre moitié par-dessus et piquer avec un cure-dent pour les maintenir ensemble. Répéter avec le reste des bananes pour former 8 sandwichs. Réserver au frigo.

5- Dans un grand bol, mettre le mélange à tempura, l'eau et la noix de coco refroidie. Mélanger juste assez pour mouiller les ingrédients (ce n'est pas grave s'il reste quelques grumeaux).

6- Tremper un sandwich de banane dans la pâte et bien l'enrober. Déposer immédiatement la banane dans l'huile chaude et la frire de 3 à 4 minutes ou jusqu'à ce qu'elle soit dorée. Bien égoutter et déposer sur un papier absorbant pendant 2 minutes au maximum, puis réserver au four, sur une grille. Répéter avec le reste des bananes (ne faire frire qu'une petite quantité à la fois!). Servir avec de la crème glacée et dévorer pour ne laisser aucun restant.

± 15 $ | **CANASTA CREAM SUPERIOR OLOROSO**
Un xérès doux aux parfums de fruits séchés, de caramel et de noix, à un prix ridiculement abordable!

± 30 $ | **CAVE DE ROQUEBRUN CHEMIN DES OLIVETTES**
Un rhum de Guyane d'une douceur incomparable, aux chauds accents de canne à sucre, de vanille et de banane flambée.

TOASTER STRUDELS©
MAISON AVEC CONFITURE AUX FRAMBOISES ET AUX CERISES

 PRÉPARATION : 1 h 20 min
CUISSON : 40 min

 DIFFICULTÉ : moyen

 PORTIONS : 8

INGRÉDIENTS

— 750 ML (3 TASSES) DE FRAMBOISES FRAÎCHES

— 500 ML (2 TASSES) DE CERISES FRAÎCHES DÉNOYAUTÉES

— 125 ML (½ TASSE) DE SUCRE BLANC

— 125 ML (½ TASSE) DE CASSONADE

— LE ZESTE DE ½ LIME

— LE JUS DE ½ CITRON

— FARINE (POUR LE PLAN DE TRAVAIL)

— 500 G (17 OZ) DE PÂTE FEUILLETÉE AU BEURRE, DÉCONGELÉE

— 1 ŒUF BATTU

GLAÇAGE

— 250 ML (1 TASSE) DE SUCRE À GLACER

— 2 C. À SOUPE DE LAIT

— 4 GOUTTES D'EXTRAIT DE VANILLE

PRÉPARATION

1- Dans une casserole antiadhésive chauffée à feu moyen, combiner 500 ml (2 tasses) des framboises, les cerises, le sucre, la cassonade, le zeste de lime et le jus de citron. Mélanger délicatement et laisser mijoter 15 minutes. Réduire en purée en donnant 6 à 7 coups de bras mélangeur (assurez-vous de garder une certaine texture !).

2- Ajouter le reste des framboises et poursuivre la cuisson 5 minutes. Retirer du feu, laisser refroidir pendant 10 minutes, puis déposer la casserole au frigo pour au moins 30 minutes.

3- Pendant ce temps, dans un bol, combiner les ingrédients pour le glaçage en défaisant les grumeaux. Mettre dans un sac Ziploc et réserver au frigo.

4- Préchauffer le four à 200 °C (400 °F). Tapisser une grande plaque de cuisson de papier parchemin.

5- Sur un plan de travail légèrement fariné, déposer la pâte feuilletée et l'abaisser pour obtenir 2 rectangles d'environ 35 x 25 cm (13 ½ x 10 po). Diviser chacune des abaisses en 8 rectangles, puis déposer 8 rectangles sur la plaque de cuisson.

6- Mettre 1 ½ c. à soupe de la confiture refroidie au centre de chaque morceau. Déposer un rectangle de pâte sur chaque rectangle garni. Retourner légèrement les rebords vers le haut et bien appuyer avec les doigts pour sceller. Badigeonner le dessus des strudels avec l'œuf battu.

7- Cuire au four de 15 à 20 minutes ou jusqu'à ce que la pâte soit bien dorée ! Laisser refroidir 5 minutes.

8- Sortir le glaçage du frigo, faire une mini-incision dans un coin du sac et garnir les strudels autant que vous le désirez !

La confiture maison donne environ 500 ml (2 tasses), alors vous en aurez assez pour en mettre sur vos croissants le lendemain ! Elle se conserve au frigo dans un contenant hermétique pendant 2 à 3 semaines.

FRUITS MACÉRÉS AU LIMONCELLO AVEC CRÈME DE MASCARPONE

 PRÉPARATION : 20 min
RÉFRIGÉRATION : 30 min

 DIFFICULTÉ :
facile

 PORTIONS : 6

INGRÉDIENTS

CRÈME DE MASCARPONE

— 375 ML (1 ½ TASSE) DE FROMAGE MASCARPONE

— 125 ML (½ TASSE) DE CRÈME CHAMPÊTRE 15 %

— 3 C. À SOUPE DE SUCRE BLANC

— 2 C. À SOUPE DE LIMONCELLO

— LE ZESTE DE ½ LIME

— LES GRAINES DE 1 GOUSSE DE VANILLE FENDUE ET RACLÉE

FRUITS MACÉRÉS

— 500 ML (2 TASSES) DE BLEUETS

— 250 ML (1 TASSE) DE CERISES DE TERRE PARÉES

— 125 ML (½ TASSE) DE GRAINS DE POMME GRENADE

— 3 C. À SOUPE DE MIEL

— 2 C. À SOUPE DE LIMONCELLO

— LE ZESTE DE ½ LIME

PRÉPARATION

1- Dans un grand bol, mettre tous les ingrédients de la crème de mascarpone et bien fouetter pour obtenir une belle consistance homogène. Réserver au frigo.

2- Dans un grand plat hermétique, mettre les fruits, le miel, le limoncello et le zeste de lime. Refermer le plat et brasser doucement. Laisser macérer au frigo 30 minutes.

3- Répartir les fruits dans 6 petits bols ou verrines et couvrir de la crème de mascarpone !

± 20 $ | **BOTTEGA PETALO IL VINO DELL'AMORE MOSCATO**
Mousseux italien au nom évocateur, le Petalo révèle tout le charme du muscat, avec un nez aux accents de rose, de gingembre, de litchi et de miel.

± 30 $ | **LIMONCELLO DI LEVA**
Légendaire liqueur de citron italienne à servir légèrement fraîche, en accompagnement de cette recette !

CRÈME CARAMEL À LA CITROUILLE

PRÉPARATION : 55 min
RÉFRIGÉRATION : 12 h
CUISSON : 55 min

 DIFFICULTÉ :
moyen

 PORTIONS : 8

INGRÉDIENTS

— 750 ML (3 TASSES) DE LAIT 3,25 %

— LE ZESTE DE ½ ORANGE

— LE ZESTE DE ½ CITRON

— 1 GOUSSE DE VANILLE

— 125 ML (½ TASSE) DE SUCRE BLANC

— 1 C. À SOUPE DE JUS DE CITRON

— 3 JAUNES D'ŒUFS

— 3 ŒUFS ENTIERS

— 125 ML (½ TASSE) DE CASSONADE

— 60 ML (¼ TASSE) DE PURÉE DE CITROUILLE

— ¼ C. À CAFÉ DE CANNELLE MOULUE

— ¼ C. À CAFÉ DE MUSCADE MOULUE

— UNE PINCÉE DE SEL

PRÉPARATION

1- Préchauffer le four à 180 °C (350 °F).

2- Dans une casserole chauffée à feu moyen-doux, mettre le lait avec les zestes d'orange et de citron. Fendre la gousse de vanille sur la longueur, racler les graines, puis les ajouter dans le lait avec la gousse. Mélanger et laisser infuser pendant 5 minutes (remuer régulièrement). Filtrer dans un tamis fin et remettre dans la casserole. Garder au chaud.

3- Dans une petite casserole chauffée à feu moyen, mettre le sucre blanc et le jus de citron, puis mélanger pour bien mouiller. Cuire environ 10 minutes ou jusqu'à ce que le sucre devienne liquide et brun foncé. Retirer du feu et répartir dans le fond de 8 ramequins de 9 cm (3 ½ po) de diamètre (le caramel va éventuellement durcir, mais ce n'est pas grave). Déposer les ramequins dans un plat de cuisson à hauts rebords (de style Pyrex) ou une lèchefrite assez profonde.

4- Dans un grand bol, mettre les jaunes d'œufs, les œufs entiers, la cassonade, la purée de citrouille, les épices et le sel, puis bien fouetter. Incorporer le lait chaud au mélange en fouettant sans arrêt, puis répartir la préparation dans les ramequins.

5- Verser de l'eau chaude dans le plat de cuisson jusqu'à ce que les ¾ des ramequins soient dans l'eau. Mettre au four et cuire dans ce bain-marie pendant environ 40 minutes ou jusqu'à ce que le mélange ait bien pris et que le centre ne bouge plus quand on secoue légèrement le ramequin.

6- Retirer les ramequins de l'eau chaude, les laisser tiédir 30 minutes, puis les déposer au frigo pour toute la nuit.

7- Pour démouler, passer délicatement un couteau sur le contour de la crème, à environ 2 cm (¾ po) de profondeur, et déposer à l'envers dans une assiette. Secouer fermement pour faire décoller !

± 30 $ | **COUREUR DES BOIS**
Une crème à l'érable du Québec, produite par l'excellent domaine Pinnacle.

± 40 $ | **OLD FORESTER BOURBON**
Un bourbon aux accents typiques de vanille, d'épices douces, de cerise et de bois. À déguster à petites gorgées…

INGRÉDIENTS

POIRES CARAMÉLISÉES

— 2 C. À SOUPE DE BEURRE

— 2 POIRES BARTLETT MÛRES, PELÉES ET COUPÉES EN PETITS CUBES

— 2 C. À SOUPE DE SIROP D'ÉRABLE

— 2 C. À SOUPE DE BIÈRE ÉPHÉMÈRE POIRE D'UNIBROUE

— 1 PINCÉE DE MUSCADE MOULUE

NATAS

— BEURRE (POUR LE MOULE)

— 500 G (17 OZ) DE PÂTE FEUILLETÉE DÉCONGELÉE

— 6 JAUNES D'ŒUFS

— 250 ML (1 TASSE) DE LAIT

— 3 C. À SOUPE DE FÉCULE DE MAÏS

— 2 C. À SOUPE DE BIÈRE ÉPHÉMÈRE POIRE D'UNIBROUE

— 250 ML (1 TASSE) DE SUCRE BLANC

— ½ GOUSSE DE VANILLE, FENDUE ET LES GRAINS RACLÉS

— SUCRE À GLACER (FACULTATIF)

NATAS AUX POIRES CARAMÉLISÉES À LA BIÈRE

 PRÉPARATION : 1 h
CUISSON : 40 min

 DIFFICULTÉ :
moyen

 PORTIONS : 12

PRÉPARATION

1- Préchauffer le four à 190 °C (375 °F).

2- Dans une poêle chauffée à feu moyen, faire fondre le beurre. Ajouter les poires, le sirop, la bière et la muscade, puis mélanger. Cuire environ 10 minutes ou jusqu'à ce que les poires soient molles et que le liquide ait presque tout réduit. Mélanger délicatement pour bien enrober. Égoutter les poires et réserver.

3- Beurrer légèrement le fond et les rebords des 12 compartiments d'un moule à muffins. Diviser la pâte feuilletée en 12 morceaux et bien étendre chaque morceau dans le fond et sur les côtés (jusqu'au bord) de chaque compartiment.

4- Dans une petite casserole, verser le lait et ajouter la fécule de maïs. Bien fouetter pour diluer la fécule, puis ajouter la bière, le sucre et la vanille (la demi-gousse et les grains). Chauffer à température moyenne de 2 à 3 minutes, en mélangeant régulièrement, jusqu'à ce que la préparation de lait épaississe légèrement (gardez un œil dessus, car la consistance change vite !).

5- Déposer les jaunes d'œufs dans un bol, puis incorporer lentement 125 ml (½ tasse) du mélange de lait chaud en fouettant légèrement. Le but est de faire monter la température des œufs sans les faire cuire !

6- Baisser légèrement le feu, puis incorporer le mélange d'œufs tiède au restant du lait chaud, dans la casserole, en fouettant légèrement. Retirer la gousse de vanille et la jeter.

7- Verser la préparation aux œufs dans les moules en laissant 1 cm (½ po) de pâte sur le bord (le mélange gonflera pendant la cuisson et retombera par la suite). Répartir environ ½ c. à café des poires au centre de chacune des tartelettes.

8- Cuire au four pendant environ 25 minutes ou jusqu'à ce que la pâte soit bien dorée et que le mélange d'œufs ait pris.

9- Retirer du four et laisser refroidir complètement. Décoller délicatement les rebords avec un couteau avant de démouler (soyez délicat, le mélange aura probablement débordé un peu et aura collé au moule !). Saupoudrer de sucre à glacer pour décorer.

± 15 $ | **RAMOS PINTO LAGRIMA**

Vous connaissez le porto, mais avez-vous déjà essayé le porto blanc ? Pour faire un accord 100 % portugais, essayez celui-ci qui propose des accents d'écorce d'orange et de miel…

± 30 $ | **JULES GAUTRET VIEUX PINEAU DES CHARENTES**

Le Pineau des Charentes, c'est pas mal plus qu'un apéro ! Personnellement, mes meilleurs souvenirs avec cet alcool sont en fin de repas, avec le dessert. Santé !

PANNA COTTA AU CHOCOLAT À L'ORANGE ET AU CAFÉ

PRÉPARATION: 40 min
RÉFRIGÉRATION: 4 h
CUISSON: 10 min

DIFFICULTÉ:
facile

PORTIONS: 6

INGRÉDIENTS

— 310 ML (1 ¼ TASSE) DE LAIT 1%

— 2 C. À CAFÉ DE GÉLATINE EN POUDRE

— 170 G (6 OZ) DE CHOCOLAT NOIR ORANGE
INTENSE DE LINDT, HACHÉ FINEMENT
(OU AUTRE CHOCOLAT NOIR À L'ORANGE)

— 310 ML (1 ¼ TASSE) DE CRÈME CHAMPÊTRE 35 %

— 60 ML (¼ TASSE) DE CAFÉ FORT

— 2 C. À SOUPE DE SUCRE

— 2 PINCÉES DE SEL

PRÉPARATION

1- Dans un bol, verser 60 ml (¼ tasse) du lait et ajouter la gélatine. Mélanger et laisser ramollir 5 minutes.

2- Dans un bol de métal placé sur une casserole d'eau frémissante (attention: le bol ne doit pas toucher à l'eau!), faire fondre le chocolat au bain-marie et réserver au chaud.

3- Dans une casserole chauffée à feu moyen, mettre le reste du lait, la crème, le café, le sucre et le sel. Bien mélanger pour dissoudre les cristaux et amener à un faible bouillon.

4- Retirer du feu, ajouter le mélange de gélatine et la dissoudre en fouettant légèrement. Verser le chocolat fondu et bien fouetter pour obtenir une consistance homogène.

5- Répartir la préparation dans 6 ramequins et laisser refroidir 20 minutes. Déposer au frigo pour 4 heures (au minimum) ou, encore mieux, toute la nuit!

± 30 $ | **TAYLOR FLADGATE TAWNY 10 ANS**
Cette excellente maison de porto nous livre ce tawny 10 ans aux accents de fruits séchés, d'orange confite et de caramel. Aussi vendu en demi.

± 40 $ | **GRAND MARNIER**
Une des liqueurs les plus fines qui soient, le Grand Marnier est élaboré à partir de cognac et d'oranges spécialement sélectionnées... Un délice!

PÊCHES GRILLÉES AVEC RICOTTA, MIEL ET ORIGAN FRAIS

PRÉPARATION	CUISSON	DIFFICULTÉ	PORTIONS
25 min	6 min	facile	4

INGRÉDIENTS

— HUILE D'OLIVE

— 6 GROSSES PÊCHES MÛRES COUPÉES EN DEUX,
  LE NOYAU RETIRÉ

— 60 ML (¼ TASSE) DE CASSONADE (ENVIRON)

— 150 G (⅔ TASSE) DE FROMAGE RICOTTA

— 60 ML (¼ TASSE) DE PISTACHES ÉCALÉES, HACHÉES

— 2 C. À SOUPE DE MIEL (ENVIRON)

— FEUILLES D'ORIGAN FRAIS

PRÉPARATION

1- Préchauffer le barbecue à puissance élevée, puis réduire
   à puissance moyenne. Huiler légèrement l'intérieur des
   pêches et les déposer sur la grille, la chair vers le bas. Cuire
   de 1 à 2 minutes, puis donner une rotation de 45 degrés
   pour créer un effet de damier. Poursuivre la cuisson de 1 à
   2 minutes et les retourner.

2- Saupoudrer chacune des pêches d'environ 1 c. à café de
   cassonade. Cuire encore 2 minutes et les retirer du feu.

3- Placer les pêches dans une grande assiette, la chair vers
   le haut, et déposer environ 1 c. à soupe de ricotta sur chacune. Répartir les pistaches sur la ricotta, arroser généreusement de miel et garnir d'origan frais!

± 20 $ | **CARLO PELLEGRINO PASSITO DI PANTELLERIA 2014**
Ce vin de dessert italien est produit sur une petite île sicilienne à
partir de muscat séché. Délicieux!

± 30 $ | **CLOS SARAGNAT AVALANCHE 2012**
Produite par le pionnier du cidre de glace au Québec, cette cuvée
se pare de notes de fruits exotiques et de miel. Un cidre original et
extrêmement séduisant!

TARTE TATIN AUX POIRES ET AUX POMMES CARAMÉLISÉES

 PRÉPARATION: 40 min
CUISSON: 55 min

 DIFFICULTÉ: moyen

 PORTIONS: 6

INGRÉDIENTS

— 3 C. À SOUPE DE BEURRE

— 2 POIRES MÛRES PELÉES ET ÉPÉPINÉES, COUPÉES EN DEUX PUIS EN MINCES TRANCHES

— 2 POMMES ROYAL GALA PELÉES ET ÉPÉPINÉES, COUPÉES EN DEUX PUIS EN MINCES TRANCHES

— 60 ML (¼ TASSE) DE SIROP D'ÉRABLE

— 2 PINCÉES DE CANNELLE MOULUE

— 60 ML (¼ TASSE) DE BIÈRE BLANCHE DE CHAMBLY D'UNIBROUE (OU AUTRE BIÈRE BLANCHE)

— 2 C. À SOUPE DE CASSONADE

— 3 BOUCHONS DE RHUM BRUN

— 20 PACANES ENTIÈRES

— 1 ABAISSE DE PÂTE BRISÉE MAISON OU DU COMMERCE (VOIR RECETTE SUR LECOUPDEGRACE.CA)

— CRÈME GLACÉE À LA VANILLE (FACULTATIF) (POUR LE SERVICE)

PRÉPARATION

1- Dans une poêle allant au four de 20 cm (8 po) de diamètre chauffée à feu moyen, faire fondre le beurre. Ajouter les tranches de poire et de pomme, le sirop d'érable, la cannelle, la bière et la cassonade, puis mélanger délicatement. Cuire en mélangeant délicatement de 10 à 12 minutes ou jusqu'à ce que le sirop réduise et épaississe légèrement.

2- Ajouter le rhum, flamber l'alcool à l'aide d'un briquet et laisser réduire 1 minute (les flammes vont s'éteindre d'elles-mêmes). Ajouter les pacanes, mélanger et retirer du feu. Laisser tiédir environ 20 minutes, puis disposer les fruits à votre goût dans la poêle.

3- Préchauffer le four à 180 °C (350 °F) pendant ce temps.

4- Laisser tempérer la pâte 5 minutes et l'abaisser en un rond légèrement plus grand que la poêle. Déposer l'abaisse sur les fruits et appuyer sur le rebord pour que la pâte soit complètement à l'intérieur de la poêle et enferme bien le mélange de fruits.

5- Cuire au four de 35 à 40 minutes ou jusqu'à ce que la pâte soit bien cuite et croustillante (noter qu'elle sera probablement encore pâle, mais ne vous en faites pas!). Laisser refroidir 5 minutes.

6- Renverser délicatement la pâte et la garniture dans une assiette. Servir avec de la crème glacée à la vanille, si vous êtes vraiment cochon!

± 30 $ | **ENTRE PIERRE ET TERRE POIRÉ DE GLACE 2012**
On connaît bien les cidres de glace, mais quelques producteurs élaborent maintenant des poirés d'une qualité exceptionnelle. Poire, épices douces, miam!

± 45 $ | **MICHEL JODOIN CALIJO**
Ce brandy de pomme est fait à la manière d'un calvados, par un des meilleurs producteurs artisans québécois, Michel Jodoin. Il le distille lui-même dans son domaine à Rougemont!

Faites très attention quand vous flambez des aliments: fermez la hotte et assurez-vous de conserver vos sourcils!

SUCRE À LA CRÈME DE GRAND-MAMIE VIO

 PRÉPARATION: 35 min
RÉFRIGÉRATION: 2 h
CUISSON: 10 min

 DIFFICULTÉ: facile

 PORTIONS: 8

Cette recette provient de ma douce et gentille grand-maman Violette. Ce sucre à la crème de luxe me rappelle vraiment mon enfance!

INGRÉDIENTS

— 125 ML (½ TASSE) DE BEURRE DEMI-SEL COUPÉ EN PETITS DÉS

— 500 ML (2 TASSES) DE CASSONADE TASSÉE

— 175 ML (⅔ TASSE + 1 C. À SOUPE) DE CRÈME À CUISSON 35 %

— 500 ML (2 TASSES) DE SUCRE À GLACER

— 125 ML (½ TASSE) DE PACANES HACHÉES GROSSIÈREMENT

PRÉPARATION

1- Dans une casserole chauffée à feu moyen, faire fondre le beurre. Ajouter la cassonade et la crème, bien mélanger et amener à ébullition. Réduire le feu légèrement et laisser cuire à gros bouillons pendant exactement 3 minutes, sans mélanger.

2- Verser la préparation dans un grand bol et incorporer tranquillement le sucre à glacer en fouettant pour défaire les grumeaux. Ajouter les pacanes et mélanger délicatement.

3- Tapisser un moule rectangulaire de 20 x 25 cm (8 x 10 po) de papier parchemin. Y verser le mélange. Laisser refroidir 15 minutes sur le comptoir, puis déposer au frigo pour au moins 2 heures (pour faire durcir le sucre à la crème) ou, encore mieux, toute la nuit!

± 20 $ | **WARRE'S OTIMA TAWNY 10 ANS**
Un porto tawny 10 ans dont les notes rappellent les noix, le caramel, l'écorce d'orange et les épices douces!

± 30 $ | **CANADIAN CLUB 100% RYE**
Un whisky de seigle canadien d'une qualité impressionnante, surtout à ce prix! Sur un registre épicé dominant, complété de pointes vanillées réconfortantes.

Le sucre à la crème se conserve quelques jours au frigo, mais si vous l'aimez autant que moi, il ne durera pas longtemps!

TROUS DE BEIGNE À L'ÉRABLE AVEC GLAÇAGE AU BAILEYS

 PRÉPARATION : 30 min
TEMPS DE REPOS : 20 min
CUISSON : 20 min

 DIFFICULTÉ :
difficile

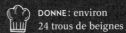 **DONNE :** environ
24 trous de beignes

INGRÉDIENTS

GLAÇAGE

__ 375 ML (1 ½ TASSE) DE SUCRE À GLACER

__ 4 C. À SOUPE DE LAIT 3,25 %

__ 3 C. À SOUPE DE BAILEYS

TROUS DE BEIGNE À L'ÉRABLE

__ 1 À 1,12 LITRE (4 À 5 TASSES) D'HUILE DE CANOLA

__ 500 ML (2 TASSES) DE FARINE TOUT USAGE

__ 2 C. À SOUPE DE SUCRE

__ 4 ½ C. À CAFÉ DE POUDRE À PÂTE

__ UNE PINCÉE DE SEL

__ 250 ML (1 TASSE) DE LAIT

__ 1 GROS ŒUF

__ 60 ML (¼ TASSE) DE BEURRE NON SALÉ, FONDU

__ 2 C. À SOUPE DE SIROP D'ÉRABLE

PRÉPARATION

1- Dans une grande casserole à hauts rebords, verser assez d'huile de canola pour en avoir 5 cm (2 po) dans le fond. Chauffer l'huile à 177 °C (350 °F) pour cuire les trous de beigne sans les brûler (testez une petite quantité de pâte avant de commencer la production !).

2- Pendant ce temps, combiner tous les ingrédients du glaçage dans un bol et fouetter pour défaire les grumeaux. Réserver.

3- Dans un grand bol, combiner la farine, le sucre, la poudre à pâte et le sel. Dans un autre bol, mélanger le lait, l'œuf, le beurre fondu et le sirop d'érable. Incorporer ce mélange à celui de la farine et bien mélanger.

4- Verser environ ½ c. à café d'huile de canola (froide, évidemment !) dans vos mains et les frotter ensemble. Prendre environ 1 c. à café de pâte, former une petite boule avec les mains et la déposer doucement dans l'huile chaude. Cuire de 2 à 3 minutes ou jusqu'à ce que la pâte soit bien dorée (retournez la boule pour assurer une cuisson égale). Retirer avec une cuillère trouée, puis déposer sur plusieurs feuilles de papier absorbant juxtaposées. Poursuivre avec le reste du mélange de pâte en faisant cuire de petites quantités à la fois (huilez vos mains lorsque la pâte recommence à coller à vos doigts). Laisser refroidir les trous de beigne pendant 10 minutes avant de les glacer.

5- Badigeonner généreusement les trous de beigne avec le glaçage réservé, puis déposer sur une grille posée sur une assiette et laisser égoutter. Appliquer une deuxième couche de glaçage s'il en reste assez ! (Laissez figer le glaçage 10 minutes avant de vous gaver !)

± 15 $ | **DOMAINE DE VALCROS HORS D'ÂGE**
Un vin de dessert du sud de la France qui peut faire penser à certains portos tawny, avec un taux d'alcool plus bas !

± 30 $ | **BAILEYS L'ORIGINALE**
La crème irlandaise classique, aux accents de café, de chocolat, de caramel et de vanille.

TARTE FEUILLETÉE AUX FIGUES ET AU *NUTELLA*

 PRÉPARATION : 35 min
CUISSON : 25 min

 DIFFICULTÉ : facile

 PORTIONS : 6

J'adore le combo miel et noix avec la pâte feuilletée ; ça me rappelle le merveilleux goût des baklavas ! Maintenant, imaginez avec du Nutella et des figues !

INGRÉDIENTS

— FARINE (POUR LE PLAN DE TRAVAIL)

— 500 G (17 OZ) DE PÂTE FEUILLETÉE AU BEURRE, DÉCONGELÉE

— 60 ML (¼ TASSE) DE PISTACHES ÉCALÉES

— 4 C. À SOUPE DE NUTELLA

— 500 G (17 OZ) DE FIGUES FRAÎCHES, LA QUEUE RETIRÉE ET COUPÉES EN DEUX

— 6 C. À CAFÉ DE MIEL

PRÉPARATION

1- Préchauffer le four à 200 °C (400 °F). Tapisser une grande plaque de cuisson de papier parchemin.

2- Sur un plan de travail fariné, abaisser la pâte feuilletée en un rectangle d'environ 30 x 38 cm (12 x 15 po), puis rouler légèrement les rebords de manière à former une croûte. (Si votre pâte est en deux parties, superposer les morceaux et abaisser votre rectangle par la suite.) Déposer la pâte sur la plaque et placer au frigo pour 10 minutes.

3- Pendant ce temps, dans une poêle chauffée à feu moyen, griller à sec les pistaches de 2 à 3 minutes en remuant régulièrement. Les transférer sur une planche à découper et les hacher grossièrement. Réserver.

4- Mettre le Nutella dans un petit bol allant au four à micro-ondes et le faire chauffer 1 minute pour qu'il soit coulant. À l'aide d'un pinceau, le badigeonner délicatement sur la pâte refroidie, sauf sur les rebords.

5- Répartir les figues sur le Nutella, la chair vers le haut. Lancer les pistaches partout et verser de 2 à 3 c. à café de miel par-dessus le chef-d'œuvre.

6- Placer au four et cuire de 15 à 20 minutes ou jusqu'à ce que les rebords de la tarte soient bien dorés. Verser le reste du miel partout sur la tarte avant de servir !

± 15 $ | **OFFLEY REI TAWNY**
Un tawny classique et abordable qui complétera les parfums de chocolat et de noisette du Nutella.

± 30 $ | **DOMAINE CAZES MUSCAT DE RIVESALTES 2010**
Produits dans le sud de la France, les muscats de rivesaltes sont des vins fortifiés aux notes de miel, de rose, de poivre et de fruits tropicaux. Ce produit est aussi vendu en demi-bouteille !

INDEX

PAINS

Pains briochés maison au fromage _ 205

PÂTES

Lasagne au veau haché et aux champignons sauvages _ 129

Mac & cheese à la bière _ 120

Pad thaï authentique au poulet et aux crevettes _ 143

Raviolis à l'agneau et au fromage de chèvre avec tomates grillées _ 163

Salade de nouilles asiatique avec steak grillé _ 139

Spaghettinis aux artichauts et aux tomates cerises _ 135

Tortiglionis avec sauce aux tomates, merguez et fromage féta _ 190

PIZZAS ET TARTES SALÉES

Calzone de fou avec ricotta, épinards et cœurs d'artichaut _ 104

Pizza au jambon, aux pruneaux et au cheddar fort _ 149

Pizza aux tomates cerises, au parmesan et à l'origan frais _ 175

Pizza bianca _ 75

Tarte à la courge, aux oignons caramélisés et au fromage de chèvre _ 189

PLATS VÉGÉS

Calzone de fou avec ricotta, épinards et cœurs d'artichaut _ 104

Crêpes aux pomme, poire et lime _ 26

Croissants dorés _ 45

Fondue au fromage Swiss Knight© «pimpée» aux pleurotes et bière blanche _ 79

Panzanella à la roquette et au fenouil _ 206

Pizza aux tomates cerises, au parmesan et à l'origan frais _ 175

Salade d'orge à l'italienne _ 199

Spaghettinis aux artichauts et aux tomates cerises _ 135

Tarte à la courge, aux oignons caramélisés et au fromage de chèvre _ 189

POISSONS

Filet de saumon à la moutarde et à l'aneth _ 98

Frittata vraiment trop bonne _ 18

Paella mixta _ 103

Poisson grillé aux épices _ 152

Soupe crémeuse au poisson et au maïs _ 176

Steak de thon en croûte de sésame _ 53

Tacos de poisson avec salsa à la poire _ 186

Tartare duo de saumon avec fenouil et pomme _ 81

PORC

Bacon caramélisé _ 25

Boulettes de viande avec sauce tomate maison _ 144

Burgers de porc au chorizo _ 92

Burritos «lendemain de veille» _ 38

Casserole espagnole de fou _ 15

Cretons à la bière _ 33

Croque-monsieur matinal _ 34

Fèves au lard à la bière Trois Pistoles _ 20

Jambon à la bière avec pommes et fenouil rôtis _ 154

Mac & cheese à la bière _ 120

Médaillons de porc à l'érable avec couscous israélien _ 133

Paella mixta _ 103

Pizza au jambon, aux pruneaux et au cheddar fort _ 149

Salade tiède des Vikings _ 197

Sauce bolognaise à la Coup de Grâce _ 183

Saucisses à déjeuner au porc et à l'érable _ 46

Sauté de petits pois et d'asperges avec pancetta grillée _ 215

Sous-marins avec émincé de porc et de bœuf _ 157

RIZ ET CÉRÉALES

Paella mixta _ 103

Risotto aux fruits de mer, à la courge et à la bière blanche _ 167

Salade d'orge à l'italienne _ 199

SALADES

Panzanella à la roquette et au fenouil _ 206

Salade d'orge à l'italienne _ 199

Salade tiède des Vikings _ 197

SANDWICHS, BURRITOS ET TACOS

Burritos «lendemain de veille» _ 38

Croque-monsieur matinal _ 34

Hot chicken au canard confit avec fromage Perron au porto _ 119

Sandwich avec poitrine de poulet farcie au fromage et à la roquette _ 181

Sous-marins avec émincé de porc et de bœuf _ 157

Tacos de poisson avec salsa à la poire _ 186

SOUPES

Soupe à l'oignon gratinée à La Fin du Monde _ 83

Soupe aux lentilles avec courge spaghetti _ 185

Soupe crémeuse au poisson et au maïs _ 176

Soupe crémeuse aux champignons sauvages et à la bière blanche _ 54

TREMPETTES ET TARTINADES

Cretons à la bière _ 33

Tapenade aux olives kalamata _ 57

Trempette de féta, de poivron rouge et d'artichauts grillés _ 85

VOLAILLE

Cari de poulet _ 107

Général Tao de luxe _ 115

Pad thaï authentique au poulet et aux crevettes _ 143

Peaux de poulet croustillantes _ 77

Pilons de poulet à la jerk _ 147

Poulet au vin blanc, au citron et à l'origan _ 125

Poulet barbecue rôti au four _ 96

Sandwich avec poitrine de poulet farcie au fromage et à la roquette _ 181

UNIBROUE

— BOUCHERIE —
LORRAIN
— CUISINE DE SAISON —

REMERCIEMENTS

Je veux commencer par remercier Les Éditions de l'Homme, plus précisément Isabel Tardif, mon éditrice. Sans Isabel, ce livre n'existerait même pas, puisque c'est elle qui est venue me chercher. Merci Isa, you rock. Dès le début, notre relation a été du pur bonheur (les photos de Superman, ha ha ha!).

UNIBROUE

Merci à Josiane pour la confiance et la bonne bière! Depuis le début, tu es avec moi dans l'aventure et je t'en remercie énormément. My god que c'est fou d'avoir de la bonne bière autant que j'en veux!

LA BOUCHERIE LORRAIN, À ROSEMÈRE

Merci à Francis et à son équipe de feu, toujours là pour me conseiller, me soutenir et me fournir les pièces de viande les plus folles de la région. Non seulement tu es un bon ami, mais tu m'as aussi solidement aidé avec le *lineup* de mon livre (moins de fromage et de prosciutto, Sam!!!). Merci mille fois, j'te frenche!

LES SPÉCIALISTES DE L'ÉLECTROMÉNAGER

Merci à Robert, directeur général. Non seulement je t'adore et tu fais partie de ma famille, mais tu as aussi été extrêmement généreux en me fournissant des électros neufs pour mon studio. L'équipement ne fait pas le chef, mais disons que ça aide à avoir du plaisir en cuisinant!

PROVIGO LE MARCHÉ, DE BLAINVILLE

Merci à Karine, à Josée et à leur équipe qui endurent mes niaiseries sur une base régulière. Sans Provigo Le Marché, ce projet de livre n'aurait pas été le même, surtout côté budget. Avec votre généreuse aide et vos produits exceptionnels, j'ai pu me concentrer sur ma création. Merci beaucoup trop!

CHARLES SPINA

Babydoll, tu as été là depuis le début et *Le Coup de Grâce* ne serait pas le même sans ton aide! Je m'ennuie de nos soirées à shooter des recettes et à boire du Chablis. Notre photo de couverture est malade! Merci, merci, merci, mon homme.

FRED TOUGAS

My man. Un autre dude que j'aime d'amour! Tu es le magicien qui signe les photos d'arrière-scène avec ton œil de ninja. En plus de te trouver incroyablement tight, j'adore ton travail. Je ne te le dirai jamais assez: MERCI! (Allez visiter son site fredtougas.com.)

TOM & TOM

Simon et Francis, vous êtes les machines derrière le design de mon solide *branding*, de mon site Web et du livre. Les dudes, merci.

SIMON GAUDREAULT

Sommelier de feu, tu as fait des accords de vin et d'alcool incroyables! Merci pour ton bon travail, mais surtout, pour l'autre fois au chalet.

MATHIEU JOUBERT

Merci à mon frère, qui m'aide avec tout dans la maison et qui filme mes capsules! Toujours là pour m'aider. I love you, bro.

MATHIEU AUBIN

Je t'aime, mon beau! Non seulement tu es un de mes meilleurs amis, mais en plus, tu m'as aidé avec plein de choses, dont l'aspect légal de mon contrat. Thanks, man!

LE RESTE DE MA FAMILLE

Merci à ma maman Manon, à mon papa Denis et à ma belle-famille de m'avoir écouté durant ces mois de création.

WILLIAM, MON FILS

Tu es ma meilleure création à date. Merci de remplir ma vie de bonheur avec tes sourires et tes faces trop mignonnes qui font fondre mon cœur à chaque instant. My god que je t'aime! Oui, des fois ce n'est pas facile parce que tu pleures en pleine nuit et que tu ne veux pas dormir, mais dis-toi une chose: les moments de bonheur sont beaucoup plus nombreux que les moments difficiles! Merci d'être dans ma vie, Winnie. J'ai hâte de cuisiner avec toi!

SURTOUT ET BIEN ÉVIDEMMENT,
merci à mon artichaut doré, mon poulet masqué, ma truite saumonée, ma petite Geneviève, la femme de ma vie.

Merci de m'avoir aidé, appuyé et surtout de m'avoir enduré durant ces multiples séances de création. Je sais que je m'en demande beaucoup et que je peux être un bordel humain quand mes recettes ne donnent pas le résultat que je veux! Une chance que tu es là, sinon je ne serais pas la personne que je suis aujourd'hui.

P.-S.: À la sortie de ce livre, ça fera 10 ans qu'on est ensemble. Love you, babe!

lecoupdegrace.ca

CET OUVRAGE A ÉTÉ ACHEVÉ D'IMPRIMER SUR LES PRESSES
DE IMPRIMERIE TRANSCONTINENTAL, BEAUCEVILLE, CANADA